CELEBRITY WORD-FINDS™

VOLUME 32

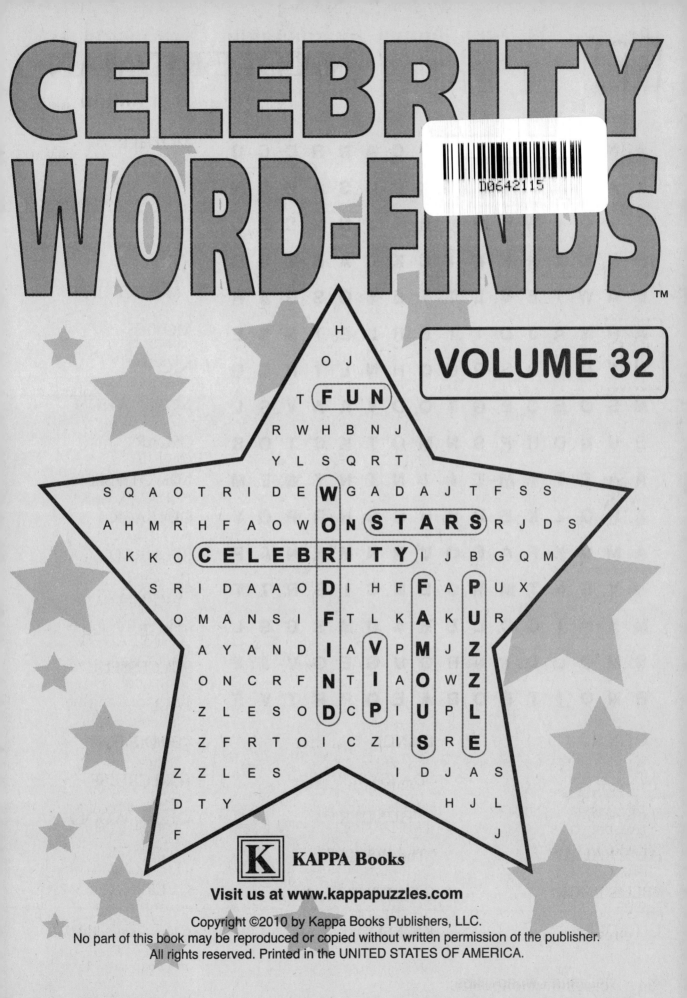

KAPPA Books

Visit us at www.kappapuzzles.com

```
L N F U W N G L R Q A N R D C O
K A L U F S S E C C U S A N E M
I I O I W W D V H S J N X L B O
D L O I K H W I C K C A B T U O
M A W T E V L T T E S O S C A R
A R Y A J D I I E R L E T N S E
N T D S R S R U O H N L I P D U
M S O E O E G T Q O V A A V S L
E U N D H F S N M O T K C T O B
A A T T I M T I I N T N T W E M
Z R O L X E N H U G S H R P G Y
A M U X F A F O U R N M E N A P
W V C N T M M O E N C I S R T T
M X N I C O L E R A D M S B S L
S M O U L I N R O U G E O V J X
R N O I T P O D A E O P R T V F
```

MOTHER

"MOULIN ROUGE!"

"Cold MOUNTAIN"

MOVIES

NICOLE

NOMINATION

OSCAR

"The OTHERS"

OUTBACK

REDHEAD

SINGING

STAGE

SUCCESSFUL

TALL

ACTRESS

ADOPTION

advocate

AUSTRALIAN

"BLUE ROOM"

CHILDREN

DANCE

"DAYS OF THUNDER"

"The HOURS"

INTUITIVE

KIDMAN

"TO DIE FOR"

TOM CRUISE

Virginia WOOLF (role)

ACTRESS
"ALL ABOUT EVE"
"ASPHALT Jungle"
BEAUTIFUL
BLONDE
"BUS STOP"
CAREER
"DANGEROUS Years"
ENERGETIC
"The FIREBALL"
"FULL HOUSE"
HOLLYWOOD
"HOME TOWN Story"
"Make It LEGAL"
"LOVE HAPPY"
"LOVE NEST"
MAGAZINES
"The MISFITS"
MOVIES
"NIAGARA"
"We're NOT MARRIED"
PICTURES
PUBLICITY
"RIGHT CROSS"
ROLES
SCREEN
SMILE
"SOME LIKE IT HOT"
STAR
STUDIO
TENDER
THEATER
Sweet VOICE
WHITE PIANO

```
P S E N I Z A G A M E V K L W Z
T U F I R E B A L L O C R H P N
A O E S C R E E N W S B I B W L
T R H L T Z I K A T T T C O M E
E E A T I U B G I U E D T Y V G
N G N G I M D F H P T E T M G A
E N L D A E S I I T M I N B S L
R A O A E I K A O O C R F P R T
G D V C M R N I H I C R H U O H
E V E T U O B A L L A A O M L E
T M N R M U L B T E L M R S E A
I N E E S V U C T T M T Z E S T
C J S S Y P P A H E V O L I E E
R A T S E R U T C I P N S V D R
B O F U L L H O U S E D N O L B
P D O O W Y L L O H X K S M M O
```

```
Y R A G L L A B T E U Q C A R O
M T C L R P T S B R O K E N L B
E E B A L E S P B E N B O D O A
D L W U R E A A B V O I D R Y S
A E P I C E N S E V T O H S A I
C V N C L C E E E C G T Y L F C
A I U O O D R R A S T G T Y L I
M S S W N M H A I R S P R A Y Z
E I B T A E M O A B L S O W I H
N O R S R L M E G Y N D H D N L
Y N N E E E H O R S E R S A G D
O C S I D K P A N C S A T O T H
L E A H C I M X V E I W E R O L
Q D A N C I N G E S H A G B L G
A C T O R E G N I S I P L P I B
W U I P D O O W E L G N E S P Q
```

ELLA (daughter)

Born in

 ENGLEWOOD,

 (NJ)

"The EXPERTS"

FLYING

"GET SHORTY"

"GREASE"

"HAIRSPRAY"

HEARTTHROB

"MICHAEL"

"OLD DOGS"

"OVER HERE"

"PHENOMENON"

PILOT

"PRIMARY

 Colors"

"PULP Fiction"

RACQUETBALL

SINGER

SUCCESS

TELEVISION

"URBAN

 COWBOY"

"WILD HOGS"

ACADEMY
 Awards
"A Civil
 ACTION"
ACTOR
AWARDS
"BASIC"

BROADWAY
"BROKEN
 Arrow"
CAREER
COMMERCIALS
DANCING
DISCO

ACTRESS
"Just A KISS"
"ASK THE DUST"
"I Will BE
  THERE"
"BRAVE"
BROADWAY
CARA
DEE
ELPHABA
  Thropp (role)
"ENCHANTED"
"GORGEOUS"
"Defying
  GRAVITY"
HELENE
IDINA MENZEL
"I STAND"
"Kissing JESSICA
  STEIN"
"KEVIN HILL"
MAUREEN (role)
"RENT"
SINGER
SONGWRITER

STUART
TAYE DIGGS
  (husband)
TISCH SCHOOL
  of the Arts
"The
  TOLLBOOTH"

TONY Award
WALKER (son)
"WATER"
"WICKED"
"The WILD
  PARTY"

```
S D E O S G G I D E Y A T S W V
O J B G R A V I T Y D E S U A G
N R E T A W C T C E V P U O A X
G A D S J Z O T T A X J D E R N
W K H R S H Y N R U R K E G M W
R I L T Y I A B B E O A H R A N
I S L O O H C S H C S I T O U B
T S P D C O R A V D E S K G R T
E O V N P E B U S R E E S O E R
R D E A N A C L E T V K A F E A
Y N O T B B R H L I E D C G N U
I Q J S J A T T N O W I N I K T
D W T I K E H H Y A T I N Z W S
K E R G B P I P Y D S U F G E N
V E E N E L E H L R E K L A W C
G F S R L L E Z N E M A N I D I
```

JOHNNY DEPP

```
T S M L I F N M U S I C I A N D
E N O D O O W Y L L O H W Y A W
E L F O O Y D T R P O E F E T R
R Y M T T E V F A U E R L A H Y
T Q A S M T A P C B K O O W N L
S L L O T M A D T L L K R P A S
P W C H O R O T O I T E I S F E
M C L U A O E Z R C Y E D E P Q
U P S Z W N I E S K K T A T T U
J Y Z D T Y D U T G C T V A U G
A I E S Z C C S F N U C P R I O
P T H N T C A L O R T I V I R C
O F F B E A T R E M N R T P F S
B J S S Y E R D E T E F Y A I A
Q Q S O C R W T H E K I D S R R
E S R E V I D S S D R A W A S B
```

ACTOR

AWARDS

"Donnie
   BRASCO"

CAREER

CHEROKEE
   heritage

COMEDY

DIVERSE roles

"ED WOOD"

"A Nightmare on
   ELM STREET"

FAMOUS

FANS

FEATURED

FILMS

Raised in
   FLORIDA

GUITAR player

HANDSOME

HOLLYWOOD

"21 JUMP
   STREET"

Born in
   KENTUCKY

LEAD roles

MUSICIAN

OFFBEAT

PAPARAZZI

"PIRATES of the
   Caribbean"

"PLATOON"

"PUBLIC
   Enemies"

STAR

SUCCESS

"SWEENEY
   Todd"

TATTOOS

THE KIDS (band)

BRITNEY SPEARS

ACTING

ALBUMS

"ANTICIPATING"

BLONDE

"BOYS"

"CINDERELLA"

"CIRCUS"

COMMERCIALS

"CROSSROADS"

DANCE lessons

"DEAR DIARY"

"E-MAIL MY HEART"

FOUNDATION

GRAMMY Awards

GYMNASTICS

"I WILL BE THERE"

JAMIE LYNN (sister)

Born in KENTWOOD (LA)

"LET ME BE"

LYNNE (mother)

"MICKEY MOUSE Club"

MUSIC VIDEOS

"Baby ONE MORE TIME"

SMASH HITS

"SOMETIMES"

"STAGES"

"STAR SEARCH"

"STRONGER"

TOURS

"TOXIC"

"WOMANIZER"

```
I E E G N I T A P I C I T N A G
T E M C R O S S R O A D S O K N
S R I I X L E T M E B E M I Z I
O E A I T D S M G G E S A T V T
E H C E N E E M Q S O G S A W C
D T E O H R R D U M B G H D O A
I E L N C Y A O E B R O H N M J
V B L I N N M T M A L C I U A J
C L A K C Y I L M E R A T O N A
I L S E E M L M I A N D S F I M
S I U K E N Y S E A S O I H Z I
U W C S C I T S A N M Y G A E E
M I R H Y A R W O T E E O A R L
M J I G G A V T O U R S S B K Y
B W C E T M S T R O N G E R D N
H G S S A L L E R E D N I C C N
```

```
M A P O L O G Y A W A T S A C R
Y A W D A O R B B R O K E N O M
R P N M E F I W D O O G A R Q O
G R A H R R H D D V T T R I J N
R R A E A A O W E E I I C B U E
D A D P M T A R L L M H H A D D
C R S M E I T E O E I G I B G D
O L Y E T N V A H B A U N Y E U
N P O R A I N T N N L O G B L S
F X E Z S C S A O A O R L O P A
E S C I J A S T E F M S A O P S
S S O D X M H U G J F T I M A U
S N E E R E H T I M S B S D D D
I P T B R T E O P L M X E E A E
O A I G L A S S H O U S E A B M
N G G K X A T R A K A J C I T Y
```

Yale School of DRAMA
"The GLASS HOUSE"
"The GOOD WIFE"
"JAKARTA"
JEANNE PARR (mother)
"The JUDGE"
"JULIUS CAESAR"
Born in MADISON (WI)
"I'll Take MANHATTAN"
MARLBORO College
"MEDUSA'S Child"
MR. BIG (role)
"OFF BEAT"
"Law & ORDER"
"PIGEONHOLED"
POET
"ROUGH Riders"
"SEARCHING for Paradise"
"SMITHEREENS"
"SUDDEN Fear"
TELEVISION
"Killer in THE MIRROR"
"WAITRESS"
"Double WHAMMY"

ACTOR
"ANOTHER World"
"APOLOGY"
"A TEXAS Funeral"
"BABY BOOM"
"BAD APPLE"
"The BEST MAN"

BROADWAY
"The BROKEN Giant"
"CAST AWAY"
"Sex and the CITY"
"The CONFESSION"
"The DELI"

EDDIE MURPHY

ACTOR
"Coming to AMERICA"
"ANOTHER 48 Hrs."
"BEST DEFENSE"
"BEVERLY HILLS Cop"
"BOOMERANG"
"BOWFINGER"
Born in BROOKLYN
COLLEGE
COMEDIAN
"Daddy DAY CARE"
DIRECTOR
"DR. DOOLITTLE"
EMMY nominations
"The GOLDEN Child"
GRAMMY
"HARLEM Nights"
"HOLY MAN"
"I SPY"
"LIFE"
"Saturday Night LIVE"
"METRO"
"MULAN"
"NORBIT"
"The NUTTY Professor"
"Trading PLACES"
PRODUCER
ROUTINES
"SHREK"
STAND-UP
"THE PJ'S"
WRITER

```
P S Y R L E N Y L K O O R B G Z
E U H N E D L O G R A M M Y Y R
G R D R B E S T D E F E N S E B
E N E N E U Y T T U N X S Y I T
L M R T A K C A E I L L N A B I
L S E N I T U O R M L A B M O B
O E C A Y R S X M I M O L R O R
C Y U M L T W S H E R Y O W M O
P F D Y I N J Y R T D T F D E N
L E O L F P L I E A C I H C R L
A F R O E R C M B E N A A V A D
C C P H E A L F R G R O M N N I
E K T V Y P S I E L W U T O G U
S V E O V F D R E T L P K H Y P
H B I Y R U V M D A Y C A R E K
I O G L J C U D N E M D R B Q R
```

ANDREW LLOYD WEBBER

```
N O I T A R T S E H C R O D S T
V P O V Q A Y G O L D E N R K H
D D O O H T H G I N K W E R G G
V R M P T S F M P R O Q W D D I
K J O B S R T D L D U S Z S O L
S E T L C E C C E I C D C H O R
C L N L O P A L E O F R R A O A
W B A N R U T M M P G A W Y R T
Z H H C E S S P O T S W F X E S
B M P M I D O X U N A A V S E I
O V C H F S Y J A L A W N V B L
R L W R E C U D O R P U E D E L
E J I R G R A M M Y S E O V U E
S J E V X P U Z X P J F I N X C
U E D L E G S B Y N O T A R G G
P I L Y F R P O G L A Y O R P Q
```

KNIGHTHOOD

LORD

MUSICALS

OLIVER Awards

ORCHESTRA-
  TION

OSCAR

PEER

"The PHANTOM
  of the Opera"

PRODUCER

REQUIEM Mass

ROYAL College of
  Music

SCORE

"STARLIGHT
  Express"

"SUNSET
  Boulevard"

"ASPECTS of
  Love"

AWARDS

"CATS"

CELLIST

COMPOSER

"EVITA"

FILM scores

GOLDEN Globe

GRAMMY
  Awards

"By JEEVES"

KENNEDY Center
  Honors

"Jesus Christ
  SUPERSTAR"

TONY

"WHISTLE
  DOWN the
  Wind"

ACTRESS
"ADDICTED to Love"
"AGAINST the Ropes"
"ANASTASIA"
"City of ANGELS"
BETHEL High School
BLOCKBUSTERS
BLONDE hair
BLUE eyes
"COURAGE Under Fire"
Billy CRYSTAL (costar)
ENDEARING
Born in FAIRFIELD, (CT)
GOLDEN Globe Nominations
"HANGING Up"
Tom HANKS (costar)
"HURLYBURLY"
"INNERSPACE"
JOURNALISM major
"Kate & LEOPOLD"
"You've Got MAIL"
PERKY
"PRELUDE to a Kiss"
"The PRESIDO"
PRODUCER
"PROOF of Life"
"RESTORATION"
ROMANTIC
"SLEEPLESS in Seattle"
SOAP STAR
TELEVISION
"In THE LAND of Women"
"As the World TURNS"
"Joe Versus the VOLCANO"
"The WOMEN"

```
D E T C I D D A C T R E S S V I
R E D N O L B W O D I S E R P E
S L E E P L E S S K N A H B V D
T R E C U D O R P J N D Y E C U
J G E E N O I S I V E L E T I L
N O I T A R O T S E R E M H T E
Q E U N S L G E A U S I P E N R
E M M R E U H U B G P F X L A P
N G L O N D B Y N L A R O I M V
D N A D W A L K E Q C I S O O M
E I T R N R L O C T E A N L R S
A G S K U A P I G O T F C S L P
R N Y H D O L W S S L A E E T E
I A R L L I C E A M N B G B G R
N H C D A D N N H O S N R U T K
G D F M S O A P S T A R R D G Y
```

```
P L I G A V E M A R I A Q S S Y
W A D R U O T R E C N O C T M W
Z C Y L A T I V S D R A W A U Z
G I N L C P O L R J S H Y R B I
P S N X I S T R L Y A S Z V L Y
G S R S S R I M E E T W R A A H
P A A O U X A M J E C A B R W Y
X L R T M E S Z U B R O L I Y D
K C A T S C C D W I H A B E E A
F M D T I K H T V E A K C T N U
J V R R I E E F M O K N F Y X T
B O Y P T N D E V M I I S P O H
Q L O I F G U W G G G C G P Z O
F P I A P R L M O N M T E N O R
B M N N T S E D O M I R O Z O O
V C I O D X G Z R J A S F A N S
```

FANS

GIFTED musician

ITALY

"LA BOHEME"

LAW degree

LYRICS

MAESTRO

MODEST

MUSIC

OPERA

PIANO

University of
  PISA

PLATINUM

POP

SCHEDULE

SING

SONG

STAR

TALENT

TENOR

TOUR

VARIETY

VOICE

ALBUMS

AUTHOR

"AVE MARIA"

AWARDS

BLIND from age
  12

Andrea BOCELLI

CAREER

CLASSICAL
  music

CONCERT

CROSSOVER
  artist

DUETS

SALLY FIELD

"ABSENCE OF
   MALICE"
ACTRESS
AUDITIONS
AWARDS
"BACK ROADS"
COLUMBIA
   STUDIO
EMMY Awards
"ER" ROLE
FANTASY
"GIDGET"
"Kiss Me
   GOODBYE"
"HITCHED"
HOLLYWOOD
HORSEBACK
   riding
"NORMA RAE"
OSCARS
PETER
ROLES
"Brothers &
   SISTERS"
"STAY
   HUNGRY"
STUBBORN
"SYBIL"
TEEN IDOL
TELEVISION
"THE FLYING
   NUN"
"Places in THE
   HEART"
"THE WAY
   WEST"
TRADITIONAL
"TWO WEEKS"
"Marriage: YEAR
   ONE"

```
T L G H P C S K E E W O W T O N
N H H I B A C K R O A D S G I N
O O O O D O B V S S R E T S I S
R R I G L G S S X U W H E F F R
M S D S H L E C V Y E Q N C A H
A E U F I R Y T A F M S O O N V
R B T D T V G W L R N T R Z T J
A A S C E O E Y O O S A A H A N
E C A V O H I L I O W Y E U S R
R K I D T N C T E A D H Y R Y O
E I B B G S I T R T E U R O E B
T Y M N S D Y D I A H N D L R B
E B U J U S S B R H Z G O E M U
P N L A N O I T I D A R T S O T
F L O D I N E E T L R Y M M E S
M E C I L A M F O E C N E S B A
```

SARA RUE

```
I O R Y Y W F P Y S P Y G E M Q
H Y O P D J A C K J A N E I P Y
B A B U V N P T W N I N N S J T
G W R T H E A T E R I O N I E I
M A A D R S D R H R R E A L F C
G W H F L N F K G E V D E E I K
U A E P U Y E Q R I W V S N L R
I C Y O R P W D T A I O O T N O
T P R P G S M A E S D X R Q W Y
A A S U H A L S I I L J F L O W
R I G L V E C O V T R S G P D E
S E N A R G N I N E D R A G L N
L Z O R P V S O H U C E A P U H
X B S G N I S J M C B C M M B S
T E K C O R F M R Y L I M A F Z
L A S N O W H E R E S F X F K G
```

"Can't HARDLY WAIT"

"Zoe, Duncan, JACK & JANE"

MARRIED

"MINOR Adjustments"

NEW YORK CITY

"NOWHERE to Go"

"Less Than PERFECT"

"PHENOM"

"POPULAR"

"(A) RELATIVE Nightmare"

"The RING"

"ROCKET Gibraltar"

"ROSEANNE"

"SILENT Hearts"

"The SIMPLE Life"

SINGS

Writes SONGS

TELEVISION

THEATER

"A Map of THE WORLD"

"The WATER Children"

"This Time AROUND"

"Passed AWAY"

"CHICAGO Hope"

DARK hair

"The DIVISION"

"A Slipping DOWN LIFE"

"FAMILY Reunion"

GARDENING

"GRAND"

Vintage GUITARS

"GYPSY 83"

"Pearl HARBOR"

ACTOR
"BLACK CIRCLE
 Boys"
"BODY Count"
"BOOMTOWN"
"Band of
 BROTHERS"
"BULLFIGHTER"
"BUTTER"
COMPOSER
"DIAMOND
 Men"
"DREAM-
 CATCHER"
Donald EDMOND
 Wahlberg, Jr.
FILMS
FREE-SPIRITED
Born in
 MASSACHU-
 SETTS
MUSICIAN
NEW KIDS on the
 Block
"The Taking of
 Pelham ONE
 TWO THREE"

"PURGATORY"
"RANSOM"
RECORDINGS
SINGER
"The SIXTH
 SENSE"
"SOUTHIE"

"STEP BY STEP"
"Hangin'
 TOUGH"
"TRIGGERMAN"
"WRESTLE-
 MANIA X"

```
P S I X T H S E N S E H S B B D
E W R N A M R E G G I R T E I T
T D R E T H G I F L L U B A Z S
S E J E H E J Q E S X M M H G D
Y T P E S T B O O M T O W N R I
B I U E L T O O C B N O I E E K
P R R E F C L R F D Z D A G S W
E I G R T E R E B R R M O W O E
T P A H B T I I M O C M S N P N
S S T T E S U H C A S S A M M Z
M E O O T B A E T K N I Y D O B
O E R W U Q R C F U C I N J C Z
S R Y T Y G H K T I O A A G X A
N F T E M E H G S O L S L X E L
A E M N R V C U I R R M Z B Q R
R Z H O E D M O N D R G S L H V
```

JUDE LAW

```
L G W Z J Z J T A L E N T E D E
A W H N N V A S R J E D L I W P
H N O E Y F E C N E S E R P G E
S G N T Y I I G T S S E C A I R
R D O S B R H N E O C O T F S D
A S U I E Y R L A T R T L H H I
M B R X N I I E O L A A E C O T
T D A E T D L R B C C R K E P I
M N N V O S S I A E L U I N P O
U P D C C O L D M O U N T A I N
S L O N D O N E C A M L V R N P
I R B Q C D E K U H F I B C G E
C S E T A G E H T T A Y M E N E
U O Y E V O L I G T H T W I I J
D R C Y A D I L O H S T A G E O
C F N P N O U R Y B P C X E Y N
```

DIRECTOR
"ENEMY AT THE GATES"
"EXISTENZ"
"FAMILIES"
"FINAL CUT"
"GATTACA"
"The HOLIDAY"
"Love, HONOUR AND OBEY'
"I LOVE YOU, I Love You Not"
Born in LONDON
"The MARSHAL"
"MUSIC From Another Room"
"Road to PERDITION"
"PRESENCE of Mind"
"SHERLOCK Holmes"
"SHOPPING"
"SLEUTH"
STAGE
"The TALENTED Mr. Ripley"
VEGETARIAN
"WILDE"

ACTOR
"ALFIE"
"The AVIATOR"
"BENT"
"My BLUEBERRY Nights"
Michael CAINE
(costar)
"CLOSER"
"COLD MOUNTAIN"
"The CRANE"
"The Wisdom of CROCODILES"

PATRICIA HEATON

ACTRESS
AUTHOR
"BACK to You"
BAY HIGH School
Born in BAY
  VILLAGE, (OH)
"BEETHOVEN"
BROADWAY
"A Town Without
  CHRISTMAS"
CHUCK (father)
COMEDY
DEBRA BARONE
  (role)
DRAMA
"Shattered
  DREAMS"
EMMYS
David HUNT
  (husband)
"Memoirs of an
  INVISIBLE
  MAN"
MARCH 4, 1958
"The MIDDLE"
"MIRACLE in the
  Woods"
MOVIES

```
G E N N J E N L C H U C K K D D
N G N B R I T H E V L K R R B A
I A E E N O R A B A R B E D M R
H W M D H I O C T N U A Z A V E
T E O E S M S M E S M T R X W L
E N W T L Y B V B S O D H W W D
M Y M S M B O A A S E I V O M D
O A S M G H I V Y S I T H M R I
S S E R T C A S V H K T A O A M
Y V H E U E J J I G I J C S D C
T R E C R L X X L V E G M O O U
R B E Q R C A I L C N E H M M U
I A B R O A D W A Y H I E E R S
H C Z Z Z R M P G Z F D F O T O
T K W H R I S Q E K Y R T N U H
V E Z P K M D N O M Y A R E Z G
```

"The NEW AGE"
OHIO STATE
  University
"Everybody Loves
  RAYMOND"
"ROOM for Two"
SITCOMS

"SOMEONE Like
  Me"
"SPACE JAM"
"THIRTYSOME-
  THING"
"WOMEN of the
  House"

```
N L R A E U F I R S T S T E P S
A E E O U R K G N I W T S E W K
M L L E T T I G W S L I E S N I
D P L C T C I F M P T E T A N M
R P A B K S A S F Y U A L C P P
I A C R L Q F M M O Q P G G H O
B E G A Y F L O W N E P P E T S
Y N T D E L D S T L A N E W R S
E I R Y S G K H P R N D I O U I
V P C B A I A M K S A N N L E B
R O X U I L I R M S A E K L W L
A F B N E S I L U D H N H U E E
H F G C A D I R A O L E T C S U
A I F H G F C T U F T F U A T C
H C A E R B E R I S I N G S F B
T E D A C W D A U G H T E R S E
```

ACTOR
"A SIMPLE
  PLAN"
AUTISM charities
"The BRADY
  BUNCH Movie"
"BREACH"
"CADET Kelly"
"Midnight

CALLER"
"CRUSADE"
"For My
  DAUGHTER'S
  Honor"
"ENTOURAGE"
FILMS
"FIRST STEPS"
"The GIFT"

"HARVEY
  BIRDMAN"
"HEART OF
  STEEL"
"I SPY"
"KIM POSSIBLE"
"LIES He Told
  Me"
"In the LINE OF
  FIRE"
"LUCAS"
"OFFICE Space"
"ONE HOUR
  Photo"
Born in PARK
  RIDGE, (IL)
"PINEAPPLE
  Express"
"The RISING
  Place"
"SANTA FE"
SKIING
STAGE
STEPPENWOLF
  Theatre Company
"The SWITCH"
"TRUE WEST"
"VITAL SIGNS"
"The WEST
  WING"
"WIN A DATE
  with Tad
  Hamilton!"

ACTOR
ALBUMS
ARTIST of the Decade
BILLBOARD charts
CHART
COUNTRY MUSIC
DANCE HALLS
"Easy Come, EASY GO"
FESTIVALS
GREATEST hits albums
"Strait From the HEART"
"Ten Strait HITS"
"HOLDING My Own"
HONKY-TONK
"KING of Country" (nickname)
LEGEND
"LIVING and Living Well"
"LIVIN' IT UP"
57 NUMBER ONE hits
PASSION
PERFORMANCES
PLATINUM records
"PURE Country"
"RIGHT or Wrong"
Plays RODEOS
SONGS
SPONSORSHIPS
STAR
"STRAIT Country"
SUCCESS
Born in TEXAS
Ace in THE HOLE Band
VETERAN

```
S E C N A M R O F R E P U R E N
D N O B R S L A V I T S E F O W
B A U Q A O F R L E P K T I G L
Y R N A R E T E V O D R S F Y F
J T T C S S G C N S R S E G S X
G I R R E E G S A S A N T O A H
S S Y T N H O N H P O X A I E P
U T M D H R A O I R B B E A H R
C N U U S E N L E D L S R T A T
C N S H N K H B L L L T G T R T
E L I E Y I M O G S I O S A J I
S P C T L U T R L R B V H X K A
S S O O N J Z A L E R C I H I R
R N I P S M U B L A Y M K N N T
K L I V I N I T U P T S O N G S
S O E D O R I G H T N F L M C K
```

```
R I I A L C H O K H E R B A L I
T A Y Q C L D T N H L E D O M T
B U V S Z T T U M O I H B L U A
T C D U B O R X I T M T T I S O
T I C O R H H E S L Q N I M I C
T Z M C O I E A S I P A U A C N
R C H E N W B X W S C P K T W I
N Y E D M H Y B O T E K T E M A
L Y I T I A E L R D A N C E R R
D S K S I N G U L A R I T Y J S
L I H H G H S A D O D P T K E E
O E N A A W C Z Z U B U Z N A I
K H L D B K J R J I A S N D N V
H I N T I D E E A E N A S N S O
F I L M F A R E B G C E U T G M
M O O H D P A Y R A W H S I A C
```

DANCER
"DHOOM 2"
FILMFARE
  Award
HINDI films
HOT LIST
  ("Rolling Stone")
INDIA
"IRUVAR"
"JEANS"
"KHAKEE"
MISS WORLD
  (1994)
MODEL
MOVIES
MUSIC videos
"The PINK
  PANTHER 2"
"Bride and
  PREJUDICE"
"RAINCOAT"
"SHABD"
"SINGULARITY"
TAMIL films
"TIME"
  MAGAZINE'S
  Most Influential
  list
Olympic TORCH

ABHISHEK
  Bachchan
  (husband)
ACTRESS
ADS
AISHWARYA Rai
ARCHITECT
  (career plan)

ASH (nickname)
BEAUTY
BENGALI flims
BOLLYWOOD
CANNES jury
  member
"CHOKHER
  BALI"

GREG EVIGAN

"ARIZONA Summer"

"B.J. AND THE BEAR"

BROADWAY

CB RADIO

"CERBERUS"

"FAME"

FAMILY MAN

FANS

"FOUND"

"GREASE"

GUEST roles

HIT SHOWS

"MELROSE PLACE"

"100 MILLION B.C."

MUSICAL family

"MY TWO DADS"

Born in NEW JERSEY

PET CHIMP

"P.S.I. LUV U"

ROLES

SERIES

Pamela SERPE (wife)

"SLOW DOWN" (album)

TEEN singer

"TEKWAR"

TELEVISION

```
V A L D H S K T E Q S E K E E A
E N N R A W K E T N F G P O B L
M O W K G O I D A R B C Y R A N
E Z O P E H D F S F X B O C E D
M I D J Q S T U B Q J A I W N S
Q R W M Y T W O D A D S C U O E
Y A O F R I Y A N W U B O K I C
I E L B A H F D A M N F H G S H
C U S V E M T Y Z O S W U K I F
U E V R D H I O I G Q E S Q V A
S G R U E C A L P E S O R L E M
T R L B L J L C Y T K W R I L E
J E E X E I W R P M I H C T E P
J A E B M R S E V G A A D N T S
R S K N A F U P N P O N X Y J R
M E T R O L E S W U M T X M C C
```

```
S R S P I Y P S Y D A L E H T K
R Z U P O I C S A H Q A D C L R
E X O Z E A T T Y B C O S R W E
L M I F M L W S B C O A T B S B
L Q R E C T L L E W H T N N U M
I C O I V Q A B Y W N O E M J U
R V T I H C E L O E H P S U V N
H E O M K R L D L U S T E L R F
T R N M S O N I K U N Z R P L B
O T A I H I S O S N Y D P O O W
U I O G W Z S U S P I C I O N R
L G P R O T C E R I D G D U D I
T O A A U G U S T B W I H Q O T
J E Y T B Q L I F E B O A T N E
R S E E T T E U O H L I S L E R
T N E D N O P S E R R O C E M D
```

"LIFEBOAT"

Born in LONDON

"North By NORTHWEST"

"NOTORIOUS"

"NUMBER 13"

"Alfred Hitchcock PRESENTS"

"PSYCHO"

"REAR WINDOW"

"REBECCA"

"ROPE"

"SABOTEUR"

SILENT era

SILHOUETTE

"SPELLBOUND"

SUSPENSE

"SUSPICION"

"THE LADY Vanishes"

THRILLERS

"VERTIGO"

WRITER

Born AUGUST 13, 1899

"BLACKMAIL"

CAMEO appearances

"Foreign CORRESPOND-ENT"

"DIAL M for Murder"

DIRECTOR

HOLLYWOOD

IMMIGRATED

KNIGHTED

ACTRESS

"BABY GIA" (nickname)

BEAUTY mark

BROWN eyes

BRUNETTE

BUSINESS

CALENDAR

CELEBRITY

CHARITIES

CHARM

CLOTHES

COVER GIRL

CRAWDADDY (production company)

CYNTHIA (birth name)

EXERCISE

FASHION

FURNITURE line

MAGAZINES

MAKEUP

MODEL

MUSIC videos

PHOTOGRAPH

POSES

PRODUCTS

PROFESSIONAL

PROM queen

RANDE Gerber (husband)

SMART

STYLE

TALL

High school VALEDICTORIAN

"VOGUE"

```
N A I R O T C I D E L A V S F V
F S H A P C U S C H A R M U H W
Z B P D M O R P E D N A R R J A
R R F N D V S K N N O N O U S I
T U A E C E L E B R I T Y T L H
S N S L U R U U S T S Z Y L P T
F E H A Q G S E U A S L A A G N
M T I C Q I O R P S E T R G H Y
Q T O T N R E V S R F G Y R A C
B E N E I L R S C L O T H E S M
A E S I C R E X E T R D P M O T
B S A N C R A H O M P U U D H R
Y R K U T Q R H Z W E D E C Y A
G K O C T D P T C K W L K F T M
I R A W T Y D D A D W A R C P S
A L X W N Q D M U S I C O B U Y
```

```
D R A W Y A W I L D S U R F L E
H I G H S C H O O L S G E Y E S
V A T P Y E L L A V N I G T E T
Y T L L C A R I Z O N A N F E U
M H E N H S C V L Z G Q I M I C
S O P L E R I A F F A L S P N S
S C W A E W A Z G Q W I P L E O
E S O M R V I N T E K U O E G N
R N M T L G I N N L B R P T M C
T O A Q E M O S T L O O C S R Q
C I N U A R S I I E M H D S A D
A S W L D O R S B O R O C W H A
U I F I E G H A A O N N C I C L
A V K M R E O U C R T W S T E L
R N A I D R E A M E B U V C I A
G C E K C E D N O S D N A H L S
```

(husband)
"EYES of Terror"
"FLAMING Star"
GENIE (role)
"All HANDS ON DECK"
HIGH SCHOOL
"I DREAM of Jeannie"
"KISMET"
"LET'S SWITCH!"
"The NEW INTERNS"
"A Brand NEW LIFE"
POP SINGER
PUBLISHED
SITCOM
TELEVISION
"From the TERRACE"
Born in TUCSON, (AZ)
"Harper VALLEY PTA"
"VISIONS of Murder"
"The WAYWARD Girl"
"Ride the WILD SURF"
"The WOMAN Hunter"

ACTRESS
"A Private's AFFAIR"
"Swingin' ALONG"
ARIZONA
AUTOBIOGRAPHY
"The BRASS Bottle"
CAMEOS
"Lethal CHARM"
CHEERLEADER
COMMERCIALS
"DALLAS"
Jon EICHOLTZ

ACTOR
"BEETHOVEN"
BROADWAY
"BULL"
"CONSPIRACY"
"The CORE"
"DECONSTRUCT-
   ING Harry"
DIRECTOR
FILMS
"The ICEMAN
   Cometh"
"The
   IMPOSTERS"
"IN THE SOUP"
"IN TOO DEEP"
"Maid in
   MANHATTAN"
"MISANTHROPE"
"MONTANA"
"MURDER ONE"
"Big NIGHT"
Born NOVEMBER
   11, 1960
Born in
   PEEKSKILL, (NY)
"Road to
   PERDITION"
"PRELUDE to a

Kiss"
PRODUCER
RESTAURANT
   owner
"SPIN"
SUNY
   PURCHASE
"America's

SWEETHEARTS"
TELEVISION
"The TERMINAL"
THEATER
"The
   WINCHELL"
WRITER

```
G N I T C U R T S N O C E D M Y
U P J T N I J E U D A V T E O A
B E E T H O V E N I U N J C N W
U E P Z P G Z G Y O A W L S T D
L D E O S P I N P R R L W E A A
L O E I R M N N U R E E R W N O
Y O K R N H A A R H E M D F A R
C T S E A T T N C T I L I R O B
A N K T M S H N H N H L U T U N
R I I I E C I E A A M E C D O M
I Z L R C W A L S S T A A V E B
P Q L W I R U C E O I T E T S E
S N O I T I D R E P U M A R E V
N O I S I V E L E T B P G N O R
O Q J I M P O S T E R S Q C P C
C P R O D U C E R O T C E R I D
```

CHRISTOPHER REEVE

```
O N R A V T F S T N U T S R S V
E R N O I S E S O F F N H R E N
N V A R T T T I D S P E L D A O
P E G T E C S R N L M M O A W I
B F E L S I A A O O O O V N O T
X O H R V D M J V N F S E A L A
P T S E C R L I S W G D O M F N
A I L T E S E I N R H N F J S I
R E D P O S G A H O Z A L Y S M
T Q U J J N Z I R C L H I K E R
H S Y Y O I I S B W N V F C C E
T U V R Y X E A F D I M E A C T
A L E E T S F O N A M N V O U E
E A R E P O P A O S R A D B S D
D O X L F D K J A V I A T O R D
L J Z R E C U D O R P K Q B W K
```

DETERMINA-

TION

GRIT

HANDSOME

"LOVE OF LIFE"

MAN OF STEEL

"MONSIGNOR"

MOVIES

"NOISES OFF"

OWNED HORSES

PRODUCER

"REAR

WINDOW"

"SEA WOLF"

SOAP OPERA star

STRONG

ACTOR

ATHLETE

"The AVIATOR"

BIG SCREEN

"The

BOSTONIANS"

CHILD STAR

DANA Reeve

(wife)

"DEATHTRAP"

Did his own

STUNTS

SUCCESS

"SUPERMAN"

TELEVISION

VIVIEN LEIGH

ACTRESS
"A DELICATE
 BALANCE"
BRITISH
BROADWAY
Friend of Winston
 CHURCHILL
"Antony and
 CLEOPATRA"
Royal Academy of
 DRAMATIC Art
"FIRE Over
 England"
"HAMLET"
HOLLYWOOD
Vivien, LADY
 OLIVIER (title)
MOVIES
"A Streetcar
 NAMED
 DESIRE"
NOEL Coward
Scarlett O'HARA
 (role)
Laurence OLIVER
 (husband)
OPHELIA (role)
OSCARS
PARAMOUNT

Pictures
PLAYS
SHAKESPEARE
 adaptations
George Bernard
 SHAW films
STAGE

"Gone with THE
 WIND"
TONY Award
"WATERLOO
 Bridge"
"WUTHERING
 Heights"

```
A R A H O V O L I V E R V E V P
U E C L E O P A T R A R G G F A
Z N G O W B K V A K O E N Z E R
E C N A L A B E T A C I L E D A
I R H Y T O P H N M R V U R N M
L S I W O S P F O E S I S F I O
N L P S E H Z H H L B L J C W U
O L L K E W A T E R L O O D E N
M I A O H D U M I L D Y V L H T
A H Y S Z W D T L R I D W E T Z
S C S C X F I E A E S A D O H M
W R T A I S M M M H T L R N O L
Y U R R H Y A W D A O R B V U D
P H E S E T O N Y C N Q I U D H
V C E J I S K D M Z J E J S X Y
T I X C T D S H B L S X P M J R
```

DENNIS HOPPER

```
R O T C A L V M P C G M Z F F X
E S K Y A Y P M O R N M Z Z F G
T Z R J G A L L E R I E S U A K
N U D E S R O P I R T E H T P J
I Y R S H R E T U E R N I L O Z
A E I E S T H N V V O A S K C O
P O A W H E O L E I P M T S A A
N O T S A P E R T R P A O M L R
G U L T Y V A I B D U R R U Y X
C A E L E R B R L R S D Y E P X
I R R U E M I I G T E V H S S O
D U L T A H W D A O A N S U E J
E B O Y I N T H E S T O R M N M
M O V I E S O O U R Q O R A O G
T H G I N H T F L E W T H B W X
S K C A R T N A I G S O U P U A
```

ENERGY

GALLERIES

"GIANT"

HISTORY

JAZZ

"MEDIC"

MOVIES

MUSEUMS

"OTHELLO"

PAINTER

PASSION

PHOTOGRA-

PHER

SUPPORTING

actor

THEATER

"THE TRIP"

"TRACKS"

"TWELFTH

NIGHT"

WARNER

BROTHERS

WILD

ACTOR

AMBITION

"APOCALYPSE

NOW"

ARTIST

"BLUE VELVET"

"BOY IN THE

STORM"

"COLORS"

DRAMA

DRIVE

"EASY RIDER"

"Talk to ANGELS"
BALLET TRAINING
"BLOW"
BROWN EYES
"BRUJAS"
"La CELESTINA"
"Head in the CLOUDS"
DARK HAIR
"DON JUAN"
"DON'T MOVE"
"ENTRE ROJAS"
"FANFAN la Tulipe"
"GOTHIKA"
"The HI-LO Country"
"JAMON JAMON"
"LIVE FLESH"
MADRID
"Captain Corelli's MANDOLIN"
"NOEL"
"All the PRETTY HORSES"
SPAIN
"VANILLA Sky"
VEGETARIAN
"VICKY Cristina Barcelona"
"VOLVER"
"WAKING UP in Reno"
"WOMAN on Top"
"Open YOUR EYES"

```
X R E V L O V I C K Y J C C J A
F H S E L F E V I L E J G L U N
P A M W E O G E V O M T N O D I
G U N E O N E F S L N D I U Z T
S N G F N M T M L E A W N D A S
S P J N A O A X B R Y G I S E E
Z A A P I N R N K F B E A S Y L
U N J I D K I H W O L B R T J E
J A M O N J A M O N R O T U S C
V K L J R I N W G O H M T L O N
A I A O R E D B W Y A O E B I Y
N H D D J I R N T T D G L P Y H
I T Y E R U E T H A N O L I A W
L O F D J Y E R N A E I A H H Z
L G A A E R K D Q E B J B F Y X
A M S S P N A U J N O D U A I L
```

JIM DALE

```
M D B M O V I E S G F J X S R C
H A R R Y P O T T E R O C Z D V
S N O A E D I D N A C I X N R W
I J A S W E C R O F R I A T A G
Z O D K X A T Q Z Y M E O N G B
Z E W O C W Y Z L R R R Y V O E
E E A O N G E M C A R R Y O N M
A G Y B R A T S E G N U O Y U Y
E G U O U R R P T D V N Z S D G
S X E I N J S R E E A N I A D I
G G Q D N E X T A T N C O B A R
H R B U K N H I I T H D A M E L
X D A A F G E O B A I R Y V L U
M E H M I Y N S L K N O L N T H
K S R N M A E L S U W P N N O K
Z K K C L Y S A M E A N D J H T
```

ACADEMY
 AWARD
Royal AIR FORCE
AUDIOBOOKS
"BARNUM"
"BE MY GIRL"
BROADWAY

"CANDIDE"
"CARRY ON"
 films
Drama DESK
 Awards
"Pete's
 DRAGON"

"GEORGY Girl"
GRAMMY
GUINNESS World
 Records
"HARRY
 POTTER"
 audiobook
 narrator
"HOT LEAD &
 Cold Feet"
"JOE EGG"
KNIGHTED
LYRICS
"ME AND My
 Girl"
MOVIES
MUSIC HALLS
NARRATION
NATIONAL
 Theater
SHAKESPEAR-
 EAN
TONY Award
VOICES
WEST END
 theater
YOUNGEST
 professional
 comedian

"ACROSS MY HEART"
AUDIENCE
AWARDS
Restaurant CHAIN
CHARITABLE
Billboard CHARTS
CONCERTS
COUNTRY
"DAYTIME FRIENDS"
FIDDLE
FOLK
GOLD records
GUITARIST
HITS
"Back HOME AGAIN"
Born in HOUSTON
"KING of Country"
"LUCILLE"
MOVIES
MUSIC
NUMBER ONE

PHOTOGRAPHY
PLATINUM
POP
PUBLISHED
SINGER
"SIX PACK"
SOLO

SONGWRITER
TELEVISION
"THE GAMBLER"
"THE GIFT"
"TIMEPIECE"
UNITED ARTISTS
"VOTE for Love"

```
F I D D L E C E I P E M I T X U
P E L B A T I R A H C O L O S A
B U Q N U M B E R O N E D D T T
A C B I I R A T G T O L N T R K
M C P L E A H W C O O E H B E L
T U R G I E H H A G I E O O C O
B E N O G S A C U R G C M R N F
H I L I S R H I F A D I E E O S
S O F E T S T E M P M S A T C E
I T U S V A M B D H F U G I O I
X H D S R I L Y L Y D M A R U V
P H I I T E S P H I T S I W N O
A O S Y R O O I E E K I N G T M
C T A X Y P N N O X A G Z N R V
K D E L L I C U L N W R V O Y S
H U N I T E D A R T I S T S M C
```

```
R E D A E R Y E M C O R Q S L H
A C H I N E S E S N L U B U C W
N L T X Z O H C B I I B F N L D
G O K E E L L P V Z W I E K Z P
A D R Z Z N A E M O T R P S T H
M Y O S X O R M C U F Q R G T L
B E Y Y I R M A R I L Y N V I
A N W M T T B E I N A R W I G V
C I E O J C B E M M C B T T O K
K R N R S U N H R M E H E S T Q
U E X I Y D H O A O U N A A N J
S H N L S O N N L R A S Y C G K
E T I D O R H P A F V M I M I C
A A O I W P A U L J H A N G G L
S K R U M X H Y L L N Z R W H S
T K V Z O N E D L O G A G D W T
```

GOLDEN Globe Award
HARVARD University
Mira KATHERINE Sorvino
"Man of LA MANCHA"
LOEB Experimental Theatre
MAGNA cum laude
MARILYN Monroe (role)
"MIMIC"
NEW YORK City
"NORMA Jean & Marilyn"
PAUL Sorvino (father)
PRODUCTION assistant
"QUIZ Show"
Avid READER
"ROMY and Michele's High School Reunion"
"At First SIGHT"
"SUMMER of Sam"
Born in TENAFLY, (NJ)
"The TRIUMPH of Love"
Harvard-Radcliffe VERITONES
"WISE Girls"
"The Grey ZONE"

"Mighty APHRODITE"
Christopher BACKUS (husband)
"BARCELONA"
"BEAUTIFUL Girls"
BEST Supporting Actress Oscar
CASTING director
Fluent in Mandarin CHINESE
EAST Asian studies degree
Fluent in FRENCH
"Amongst FRIENDS"

ACOUSTIC
ALBUMS
AWARDS
BAND
BLUEGRASS
CONCERTS
COUNTRY Music
  Awards
CROWDS
FIDDLER
"FORGET About
  It"
GOLD record
"Every Time You
  Say GOODBYE"
GRAMMYS
GRAND OLE
  Opry
JAZZ
"Please Read the
  LETTER"
"LIVE" DVD
MUSIC
"NEW
  FAVORITE"
NOMINATIONS
PERFECTION

POP
"RAISING Sand"
REPERTOIRE
"RUNAWAY
  Sunday"
SINGER
SONGS

SOUNDTRACK
TALENTED
TOURS
UNION STATION
  (band)
VIDEOS

```
P C A I S T Y R T N U O C L S W
U G O O D B Y E E T S N R R K N
Y N K N A M R Y G T E G R O F Y
N O I T C E F R E P T K N C G C
R L I O L E A L R K C E B O I R
S E T D N N R U P A N Y L S S O
T M D R D S N T R Q E D U H Z W
Y I U O E A T T S S W M E D Z D
F D L B W P D A O R F X G V A S
C E H A L N E E T D A U R D J Y
Y T Y N U A D R N I V I A E R M
P N N O M I N A T I O N S V E M
L E S M V P B L O O R N S I G A
O L H T A C O U S T I C R L N R
O A W A R D S P R Z T R G F I G
S T O U R S C P N D E F E H S N
```

```
M U Z S Y Y P P A H S G P S K F
Y I P U H B L A S T W P U G C D
W K X A A A M N H A J W N I I H
R O C E M A K G T C L I C K H A
E K H I D Q I E P O O O H K C D
S N N S N N R R S G N U D R T T
O A W Y Y B U L L E T P R O O F
P E Y Z O B M T H B W J U W H U
M T A Y A D S E S P E A N Y M N
O R D V G C A O J T C D K T D N
C S V E M D T Z C O R D T R B Y
P W R E S T L I N G P A A I V S
R J N J P G K T N K J H E D M Z
I S D A E H R I A G C T C N P E
I J Q Y I O K E V I L T H G I N
R N Y L L I B W R I T E R I P F
```

ACTING
"AIRHEADS"
"ANGER Management"
"The ANIMAL"
"BEDTIME Stories"
"BILLY Madison"
"BULLETPROOF"
"CLICK"
COMPOSER
"CONEHEADS"
"Remote CONTROL"
"The COSBY SHOW"
"Eight CRAZY NIGHTS"
"DIRTY WORK"
FINE ARTS degree
"FUNNY People"
"GOING Overboard"
"HAPPY Gilmore"
"The HOT CHICK"
"MIXED NUTS"
"Little NICKY"
"Saturday NIGHT LIVE"
"PUNCH-DRUNK Love"
RICHARD
"SHAKES the Clown"
VEEJAY
"The WATERBOY"
WRESTLING fan
WRITER

ALL-STAR

ASSISTANT coach

Chicago BEARS

CHARITY work

COACH

COLLEGIATE

DEFENSIVE

 coordinator

FOOTBALL

FOUNDATION

Born in

 GLADEWATER,

 (TX)

HEAD coach

HUMILITY

LINEBACKER

LOYALTY

MARYANNE

 (wife)

MUSIC LOVER

NFL

PROFESSIONAL

QUIET

St. Louis RAMS

SCHOLARSHIP

SOFT-SPOKEN

SUPER BOWL

TITLES

University of

TULSA

UNIVERSITY jobs

Coach of the

 YEAR

```
B R M V Y G Y T I L I M U H F H
B E E A T Q K S U P E R B O W L
H K Y T I S R E V I N U O L P A
M C R E R O C K A N S T X K L N
A A A B A F G H H T B K S L O O
R B E O H T O O O A I G S I O I
Y E Y G C S G I L L F T T W C S
A N T X L P T L Y E A A L O N S
N I L A V O N N V R D R L E A E
N L I D W K Y I A N U L S S S F
E F Q I H E S A U T E Q L H G O
Y X L K U N D O L G S U U S I R
W S R A E B F A I T T I S K A P
C L X F B M K A L B Y E S M X K
N H E A D Z T N V G T T S S F F
Q D U B R E V O L C I S U M A G
```

SALMA HAYEK

```
G A Q N D S T N U T S X M F K O
L E C S O I Q D B A N D I D A S
S D T T F M R G R N N L B D T C
H E Y A R E I E L V M E U U H C
P S L R I E D N C P D N D A C O
M P Y C D N S O A T I I R L M A
U E T W A E E S C T O M Y S O M
I R I B S T S T E E I R R B V G
R A S L W I S D S N M O O R I O
T D O Y O I S B G A T I N E E D
N O R N F T T Q O S T Z T C T U
F J E P A Y T T E B Y L G U O Q
L X N T M O U V Y E C N A D A X
B R E A K I N G U P D K C O R U
V S G B W I L D W E S T C R T R
U Q L E T O H T L U A N I P J L
```

GENEROSITY

GOLDEN Globe

"HOTEL"

INVESTORS

MOVIE

NOMINATION

OBSTACLES

PASSION

PETS

Francois-Henri
 PINAULT
 (husband)

PRODUCER

"30 ROCK"

STAR

STUDIO

STUNTS

TASTE

"TIMECODE"

TRIUMPH

"UGLY BETTY"

UNITED STATES

"Wild WILD
 WEST"

WITTY

ACTRESS

Antonio
 BANDERAS
 (costar)

"BANDIDAS"

"BREAKING UP"

CHARMING

DANCE

"DESPERADO"

DIRECTOR

"DOGMA"

FILM

"FOOLS Rush In"

"FRIDA"

ACCESSORIES
BEAUTY products
BELL bottoms
BLACK dress
BUSINESS
CARDIGAN
CAREER
CASUAL
CLASSIC
CLOTHING
COCO
COLLECTION
COMFORT
COSTUME
COUTURE
DESIGNER
DRESS
ELEGANCE
EMPIRE
FASHION
GABRIELLE (real name)
HATS
HOUSE
ICON
INFLUENCE
JEWELERY
LOGO
MASCULINE styles
MILLINERY
PARIS
PERFUME
SHOP
SIMPLICITY
SINGER
SMOKER
SUIT
TRADEMARK
TROUSERS

```
S O H Z S Y S Y Z N O F F G L S
E P T E S E T H O U S E A Y L K
I M A S C U L I N E J B S R E S
R J Z R A M T E C O R C H E B D
O X P E I C R Y G I C X I N U R
S C B E E S B E E A L I O I S E
S T O L R L G L N F N P N L I G
E R L C A F L E C G C C M L N N
C O E C N E U L F N I Y E I E I
C U K A Q V A M Q T R S H M S S
A S D R E S S C E E R T E H S M
D E N D S M A S L I O O A D X O
J R T I U S P E H L T T F W T K
P S C G U W W I C O S T U M E E
L K R A M E D A R T P L O G O R
O V L N J C A R E E R U T U O C
```

TOM BROKAW

```
Q K E Y M G N Y D O B A E P M X
B R M S T Y P U A A C L I B E A
R U X E U I P I U D L O M E R T
E S N F M O C T Z A O Y L R E O
T N B I N O H X B T B T V L D K
S O D T V O R E U G P G E I I A
B I R H R E S I T O N V H N T D
E T O J F A R Z E I I P C W H H
W C C D B V T S H S H S A A S T
Y E K C O J C S I D A W B L W U
C L U R A D I O E T H Z R L O O
D E F R L F N Y N T Y U O I Q S
A N A L Y S T A J B A E G M Y C
Z D A L A I L A M A P E W C B X
W A F W G T B Y Y O Z C R N Y M
V B X N A M R O H C N A L G Q Q
```

GORBACHEV

"The GREATEST

Generation"

"An Album of

MEMORIES"

MEREDITH Lynn

Auld (wife)

NBC

PEABODY Award

RADIO

ROCK Climber

SIOUX CITY

anchor

Lives in SOUTH

DAKOTA

TELEVISION

"TODAY"

ANALYST

ANCHORMAN

ATLANTA station

AUTHOR

BASEBALL

BERLIN WALL

DALAI LAMA

DISC JOCKEY

DUPONT Awards

ELECTIONS

FLY FISHING

Mikhail

UNIVERSITY of

South Dakota

Born in WEBSTER,

(SD)

WHITE HOUSE

correspondent

"Made in AMERICA"
High School for the Performing ARTS
"The ASSOCIATE"
"BAGDAD Cafe"
"Fatal BEAUTY"
BEST Actress Golden Globe
BLAKE Street Hawkeyes Theater
"BOYS on the Side"
BRICKLAYER
"Get BRUCE"
"BURGLAR"
CARYN Johnson (real name)
CELIE role
"The CELLULOID Closet"
"COMIC Relief" co-host
"Jumpin' Jack FLASH"
"GHOST"
"How Stella Got Her GROOVE Back"
GUINAN role
"Clara's HEART"
HELENA Rubenstein Children's Theater
HOSTED Oscars
HUDSON Guild Children's arts

```
D N Y R A C X E L B O Y S E W A
A N E L E H V I E W L S N F A F
D O G V Z O K R Z R O A T N L T
G S I E O W U Y I L A S K A K S
A D L R G R T S O Y T C S E R E
B U G V E U P R A R S H S C Z B
F H R C A Y J M A N C I M O C L
A C U E J B A M I T D U S V A H
X R B T L U E L B N R I J T V E
B F P A E R Z T K N R A E V E A
R R P I I G F G S C W N C G T R
Y T L C E L L U L O I D A E O T
K E A O Q A D Q H G H R F R N H
C M D S K R A K H J E G B Y J P
O H O S T E D T R E B M E V O N
R D N A N I U G B C L A J L P B
```

program
IMPROV troupe
LATE-NIGHT talk show
Born NOVEMBER 13, 1955
"The Deep End of the OCEAN"
OSCAR
"RAT RACE"

"ROCKY and Bullwinkle"
SAN DIEGO Repertory Theater
"SISTER Act"
"STAR Trek: The Next Generation"
"The VIEW"
"The Long WALK Home"

ABBEY LINCOLN

```
S H T P E D B E B O P N L Z F T
S V X U N J H V W P E F J Z R D
E M O N R O E T A C O V D A D L
N V R I B T S X G R P I E J L Y
S O M J C I L O C N L H S W A R
I C I N D E P E N D E N C E N I
T A H T D M F N S G I R C T O C
I L S Q A U A U W G W N T R I V
V I T Y L N C G H S A R U S T H
I S A G M C I T A I S E I D O C
T T H V E B C M F B T E R T M A
Y E T S V L O E R A B E R E E O
V M S R U A D L M E S Y T T Z R
W P P B C I G A M S T I L W C X
G O S I U N O I S I V E L E T A
T H G I A R T S Q A A V D G E M
```

INDEPENDENCE

"IT'S MAGIC"

JAZZ

LYRIC

MAX ROACH

  (musician)

MONROE

NIGHTCLUBS

"PEOPLE in Me"

POISE

RAW vocals

SENSITIVITY

SONGWRITER

"STRAIGHT

  Ahead"

STRENGTH

SUCCESS

SYMBOL

TELEVISION

ACTRESS

ADVOCATE

AMATEUR

BEBOP

DEFIANCE

DEPTHS

DETERMINA-

TION

DRESS

EMOTIONAL

FORCEFUL

"GABBY LEE"

  (alias)

HEART

TEMPO

"THAT'S HIM"

"(A) TURTLE'S

  Dream"

VOCALIST

VOICE

ANALYSIS

BEHAVIOR

BESTSELLERS

CAREER issues

COURTROOM
Sciences Inc.

Scuba DIVER

GUESTS

HEADLINES

HEALTH issues

INTERACTIONS

MCGRAW
(surname)

MEDIATION

MONEY issues

MOTIVATION

PARENTING
issues

```
E Z C O U R T R O O M C G R A W
T R I S E N I L D A E H E S A E
E T E L E V I S I O N E B E V F
N V I V I Y B V H H R O B I N I
N P M C I D G T E A U S T R O L
I A K O N D L O C R R I U E I L
S R E T T A M F L E S S C S T A
Y E R S E I A Y L O N I T Y A E
N N O H R V V L P O H R T N I R
D T I G A A E A I A A C A Y D A
I I V D C S N T T T R L Y L E T
C N A C T F U I E I Y E S S M I
A G H S I L Y G M S O W H O P N
T Y E N O M I J I E C N L T N G
E B B S N E G S S T S E U G Z S
D P I H S N O I T A L E R E T W
```

POSITIVE

PSYCHOLOGY

RATINGS

REAL-LIFE issues

RELATIONSHIP
rescue

ROBIN (wife)

SELF MATTERS

SEMINARS

Hit SERIES

SOLUTIONS

Two SONS

Life STRATEGIES

SYNDICATED

TELEVISION

TENNIS player

THERAPY

UNIVERSITY

TOBY KEITH

```
G Q M S Y W R Y V S B L K T S D
N S T Y W N O O O L N T K E R A
I R T Z E B K N D B E N S E J Y
S P N S W N G C K E O R A Q I T
S V T O I W O I O T O M M D H S
I W C E R L N M Y H N K G A G M
M E W I D D Y K Y X S D T U A U
H R T V R O N M L S O M I Q T B
T E M T U O B A K L A T L D S L
R W R H H G C L E N A E L M I A
O E O P P L G K U R P E A U L N
W W E R Y L K Q Y E Z B B C A G
Y O U R D A D D Y O M Z T H C E
O V K R Y S T A L G U O O F O L
A I C I R T S X M E T O O U V K
U K N A C I R E M A X M F N M U
```

ALBUMS

"AMERICAN Ride"

"Touched by an ANGEL" (guest spot)

"BLUE MOON"

"Should've Been a COWBOY"

"DREAM Walkin'"

EASY MONEY (band)

FOOTBALL player

GUITAR

HONKY-TONK

"Wish I DIDN'T KNOW Now"

"IT'S ALL GOOD"

KRYSTAL (daughter)

"ME TOO"

"You Ain't MUCH FUN"

"Beer for MY HORSES"

"MY LIST"

"ROCK YOU Baby"

RODEO hand

"SHOCK'N Y'all"

SONGWRITER

"I Wanna TALK ABOUT ME"

"Who's THAT MAN"

TRICIA (wife)

VOCALIST

"WE WERE In Love"

"He Ain't WORTH MISSING"

"Who's YOUR DADDY?"

ACTING
"Bye Bye BIRDIE"
"The BLACK
  SHIELD"
BLONDE
FILMS
"Perfect
  FURLOUGH"
"HARPER"
HOLLYWOOD
"HOUDINI"
JAMIE LEE Curtis
  (daughter)
"JET PILOT"
KELLY Curtis
  (daughter)
"The
  MANCHURIAN
  Candidate"
Born in MERCED,
  (CA)
MOVIE POSTERS
University of the
  PACIFIC
"PASSWORD"
"PEPE"
"PSYCHO"

"ROGUE Cop"
"SCARA-
  MOUCHE"
"The Naked
  SPUR"
"THE FOG"
TONY Curtis

(husband)
"TOUCH of Evil"
"Prince
  VALIANT"
"The VIKINGS"
"Little WOMEN"

```
S G N I K I V C F N L G R H E G
S H V Y X V U D R U E W U N I W
X N E D N O L B N E R Q P S D R
D Z E G L P X E J J P L S O R T
Q J A M I E L E E K T R O I I O
V N Z G O C I T U H E W A U B U
I A O J W W P H E T Y L Z H G C
I I S M L I F F S L Y K L M M H
Q R H E L S O O L K Z T I Y E P
E U G O R G P O Q Z C N P M R A
A H T E U E H C U O M A R A C S
J C F W I D A F H T C I L W E S
N N T V D M I C O I A L E B D W
D A O I Y P Y N F K R A U B U O
V M C D N S Y I I T M V O Z D R
A E P E P G C E L B K P R Y E D
```

```
X L C I D E M O C V V R E S L W
Q N H O J F S I A O A V O I I L
F M U M O E C A R G R M O L C L
U D E T E C T I V E E R D H O A
L N X S Y S T A S T P H I R P B
D E F S P F C B H Y O U E N L E
E L A O A Q O I F G P T I S A S
W K A D R L N E S D A P M Y N A
Z R T B R G L E F E O H U B D B
H A M O I E E E H S S K I L L S
P W L L N N A T F K T Z R O W O
K E Y A I H N M T D L R O W Y C
S N R M R F M A S A O J O U Q C
U C A L S H N F H V B O U P N E
W I P O R D O B M U D L G Y S R
M N J U S T S H O O T M E S Q Y
```

Michelle GRACE
 (wife)
"HANNIBAL"
"JOEY PARRINI"
"JOHN Q"
"JUST SHOOT
 ME!"
LEAD
University of
 MIAMI
"NARC"
Born in NEWARK,
 (NJ)
"OBSERVE and
 Report"
ROLES
SKILLS
SOAP OPERA
SOCCER fan
"SOMETHING
 Wild"
SPORTS
THEATER
"UNFORGET-
 TABLE"
"WILD HOGS"
"Another
 WORLD"

BASEBALL

"BLOW"

COMEDIC

"COPLAND"

"CORRINA,
 Corrina"

DETECTIVE

(roles)

"Field of
 DREAMS"

"Operation
 DUMBO DROP"

FILM

"GOODFELLAS"

ACTOR
"BAIT"
"BIG WAVE
  Dave's"
BLONDE
BROADWAY
CAB DRIVER
  (role)
"DISTURBIA"
"St.
  ELSEWHERE"
"EXTREME
  Measures"
"GEORGE B."
"The GETAWAY"
"The GOOD
  SON"
"The GREEN
  MILE"
"The Crossing
  GUARD"
"HEARTS in
  Atlantis"
"The INDIAN
  RUNNER"
"The
  LANGOLIERS"
"The LONG KISS
  Goodnight"
"MADELINE"
MASSACHU-
  SETTS
"MAX DUGAN
  Returns"

"Twelve
  MONKEYS"
"Inside MOVES"
"The
  NEGOTIATOR"
Born OCTOBER
  11, 1953
OLSHANSKY
"PROTOTYPE"

"The ROCK"
SUSAN (wife)
TELEVISION
THEATER
"Shattered
  VOWS"
Played George
  WASHINGTON

```
B L O N D E E R E H W E S L E V
E A O R W A S H I N G T O N P O
S X C N E G O T I A T O R E Y W
K S T T G N T L U E H E A R T S
Z R O R O K N S S G O O D S O N
N E B R E R I U I H M Q E P T N
A I E I O M H S R I A N X H O G
G L R D C C E A S N I N E I R E
U O Y I A A K N E L A A S E P T
D G K S C F B S E E T I E K W A
X N S T G E Z D Y E V N D O Y W
A A I U G E A C R E M A J N M A
M L A R U M J G L I K W W O I Y
M R O B B X A E L G V N V G O L
D E T I A B T E K C E E O G I G
G F Y A W D A O R B S C R M E B
```

GINGER ROGERS

```
C L A S S W O L R A H D M A T X
P D C W L S S L E E H H G I H S
U I I I C J O Y C N G T B O F L
A N A A N G T A Y N N N G H G A
G U R N I E R Q T E U E I X X C
K K D H I I M A L I K I V S X I
I E W I O S O A C D M X V Z V S
T O V C T B T I V E A O M T N U
T O A P M I T R V M T R S O C M
Y H P A R G O E R O H C S P S W
W H E S D Y D N U C L R E H M C
N R H A T C H E C K E K C A L B
D E N T R H C B I P T G C T I W
I C E S T A G E N T E J U J F S
E R K U F E R I A T S A S R G N
P Z F M Q R C J T R E D A E L P
```

FILMS

GRACE

"HARLOW"

"HAT CHECK Girl"

HIGH HEELS

"IN PERSON"

"KITTY Foyle"

"Follow the LEADER"

MUSICALS

OSCAR

PIANIST

"Sitting PRETTY"

"QUEEN High"

"ROXIE Hart"

SINGER

STAGE

SUCCESS

"SWING Time"

TALENT

"TIGHT SPOT"

"TOP HAT"

Fred ASTAIRE

ATHLETE

AUDITION

"BLACK Widow"

CARIOCA (dance)

CHOREOGRA-

PHY

CINEMA

CLASS

COMEDIENNE

DANCE

"DREAMBOAT"

ACOUSTIC
ALBUMS
AMBITIOUS
ARTIST
Country
  BALLADS
BENEFIT concerts
The BRIDGE
  School (co-
  founder)
BUFFALO
  Springfield
  (band)
CALIFORNIA
  RANCH
CELEBRATED
"CINNAMON
  Girl"
CLASSICS
COMPOSER
CRAZY Horse
  (band)
"DEJA VU"
  (album)
ELECTRIC guitar
EXPERIMENTAL
FARM Aid
FOLK-ROCK
"FREEDOM"
"Country GIRL"
"Heart of GOLD"
GRAMMYS

HALL OF FAME
MODEL TRAIN
  (enthusiast)
Born NOVEMBER
  12, 1945
"OHIO Girl"
PEGI (wife)
PLATINUM

records
PROTEST songs
RENEGADE
Born in
  TORONTO
Plaintive VOICE
WOODSTOCK

```
L C I R T C E L E T U P E R O D
U M I C R R E N E G A D E I V F
G M U N I T A L P B A B H G O R
D R T V N T X O J M M O I L I E
O E A O A A S V D E W R K E C E
L S T M R J M U V O L R M X E D
A O S A M O E O O T O A E P G O
F P E H R Y N D N C F D U E S M
F M T K Z B S T K F A H S R U S
U O O A G T E K O R Y D U I O C
B C R M O D E L T R A I N M I I
G C P C R P L I E L U R F E T S
T O K R K A S A L C P N W N I S
S H L I H T F A L B U M S T B A
G E G D I R B E N E F I T A M L
T H C N A R A I N R O F I L A C
```

```
E N I L D E R N I H T M F A V D
L N Y D P P O O R B O I R Y M P
L O A A A I Z N R N L E E D I R
A B Y J S H O R T M B R Q A Z A
B I O S I S O E S M L E U V R E
T O A B I G C V E N V T E I A T
E P Z D B R Y T L Y T I N D C T
K L A J I Y P N R V A A C K E A
S M Q S A E J U R E E W Y O C Y
A Y T T S J N O T G N I H S A W
B O T F H Z L M N N W O T G P C
I Y A N G E L E Y E S O S Y I P
R K N U S E R P X W S P N I D H
R Y C X D N W O T S G G I D R F
E B B O N F T U C L A N I F E P
K P M S E M I R C K Y A C T O R
```

ACTOR
"ANGEL EYES"
BASKETBALL
"BOBBY JONES:
  Stroke of Genius"
"High CRIMES"
"I Am DAVID"
"DIGGSTOWN"

FILMS
"The FINAL
  CUT"
"FREQUENCY"
"G.I. JANE"
"HIGHWAY
  Man"
"My Own Private

IDAHO"
KERRI Browitt
  (wife)
"MADISON"
MODEL
"The Count of
  MONTE
  CRISTO"
Born in MOUNT
  VERNON (WA)
Indy 500 PACE
  CAR
"The PASSION of
  the Christ"
"PAY IT
  Forward"
"The PRISONER"
"RIDE with the
  Devil"
Born SEPTEMBER
  26, 1968
"THE ROCK"
"The THIN RED
  LINE"
TV ROLES
WAITER
WASHINGTON
"The WONDER
  Years"
"WYATT EARP"

ATLANTIC Theater Company founder
AUTHOR
"BOSTON Marriage"
"American BUFFALO"
Born in CHICAGO
DIALOGUE
DIRECTOR
FILM
"House of GAMES"
"GLENGARRY Glen Ross"
GODDARD (College)
"HEIST"
NYU PROFESSOR
OBIE Award
OSCAR nomination
OUTER Circle Award
Rebecca PIDGEON (wife)
PLAYWRIGHT
PULITZER Prize
SCREENWRITER
SCRIPTS
"SPARTAN"
"SPEED-the-Plow"
STAGE
TONY Award
"The UNTOUCHABLES"
"The VERDICT"
"WAG THE DOG"
"The WINSLOW Boy"

```
A T L A N T I C O S P A R T A N
L R H N W C S L O I W V Z H D G
R E U G O L A I D B S G S M L G
O J M L I F Q G E R I B S E O H
H G O H F R E X E H W E N E W N
T D A U Y O W T H S L G Y Q Z L
U R B C N L U Y E B A A U T H P
A A W W I O N M A R M T P C I Z
K D H P A H A H R L S S R I V D
B D L U W G C Y C W P T O D I R
F O F L E U T L I R I Z F R X I
L G S I O K L H J R A N E E Z Z
G R E T I R W N E E R C S V Y W
C W N Z O S P E E D T E S L N O
V U K E P N L Z S O O L O O O W
J S C R I P T S R A K G R Q T W
```

```
Y E T T D Q S V O G A P S V H T
A M X F S C U P B A R R O B M J
D E E H I I I E A E E A G D L U
S V T C R L V N S H N K M E G S
I O H U W A R I C E R E L M H K
R L G M A A D A T I R E D I Y G
O A I O R E E I T C N A P L S T
D M N O N T N L O S A N S L O D
X I D T E A F O R T W O A E W G
G N I W R I X J G C D I V T R M
R A M E G L A N K A C E O D I A
L A T N E M I T N E S I N G E R
O H U K A N T C P I L L O W I X
U O W J R P E S S A L G T Q L J
Y V A A J R V E C I F F O X O B
S P W O M T I U S W A L R Z M B
```

"The Man Who KNEW TOO MUCH"
LAWSUIT
"LOVE ME or Leave Me"
"MIDNIGHT Lace"
"The PAJAMA Game"
"PERHAPS, Perhaps, Perhaps"
"PILLOW Talk"
PRESIDENTIAL Medal of Freedom
"QUE SERA, SERA"
RADIO
"SENTIMENTAL Journey"
SINGER
"STARLIFT"
"TEACHER'S Pet"
"TEA FOR TWO"
TV SPECIALS
WARNER Brothers
"Storm WARNING"
"YOUNG at Heart"

ACTIVIST
ANIMAL welfare
Cecil B. DEMILLE Award
Highest grossing BOX OFFICE actress
Born in

CINCINNATI
DANCER
"The DORIS DAY Show"
"The GLASS Bottom Boat"
GOLDEN Globe
GRAMMY

ALBUMS
"AMERICAN
   Gangster"
"The BLACK
   ALBUM"
"The BLUEPRINT
   3"
Born in
   BROOKLYN
BUSINESSMAN
CHARITY
Born DECEMBER
   4, 1969
"Reasonable
   DOUBT"
"EMPIRE State of
   Mind"
ENTREPRENEUR
FREESTYING
"HARD KNOCK
   Life"
"KINGDOM
   Come"
"In My
   LIFETIME"
MARCY Houses
   (projects)
New Jersey NETS
   (part-owner)
RAPPER

```
P B D Y Q C H A R I T Y I K F L
O U N A C I R E M A X Q I B A I
D L R O W R B E Q H W N M L S F
B R X D P M A S U S G Z L U R E
R T O R E H U M M D X E R E U T
O U Q C F M S H O U F T E P O I
O C E A A T U M A A B S T R T M
K D N N R W P B C R T L R I B E
L R I E E Q E O L Y D B A N U R
Y T E T T R R A I A I K C T O I
N T A P L S P N R I K Z N R D P
S T M K P I G E Z I R C W O R M
S S S N E A K E R S G Q A T C E
I D R O C E R N A T L V H L N K
T G O U N A M S S E N I S U B P
Y G W U N F I N I S H E D J Z E
```

RECORD business
ROC-A-FELLA
   Records
ROCAWEAR
   clothing line
SHAWN CARTER
   (birth name)
SNEAKERS

"STATE Property"
"STREETS Is
   Watching"
TOURS
"UNFINISHED
   Business"
WORLD traveler

```
L X F X Z P H R A D C L I F F E
N O T T F F Q E E Y D I T L E R
W T O R E I Q J A R H J F L A A
M P N H A L L M A R K M O V I E
A R Y Q C M E W A C T R E S S P
V V A P M S A V D Y G B E A A S
P K W H P E G B I N A X U R W E
X S A F C E R N I S O F K R G K
O E R A O O R D I F I A H T N A
U D D E A R A P N D V O B H I H
Y A M D Q E T P Z E R J N G W S
Y M W E L P M U N H P A C I T J
Y A I P G T J U N O J C O R S P
Y R V N X A E Z S E Z K J B E P
I D I K Y M T O N T E R E H W Y
X S M O C T I S S B C Y T M W L
```

"The Little FOXES"

"HALLMARK" MOVIE

"HEARTBURN"

"JACK"

LEADING ROLE

"MUST Love Dogs"

"NOT MY KID"

Born on PARK AVENUE

PREPPY

RADCLIFFE College

SHAKESPEARE

STAGE

TELEVISION

"TIDY Endings"

TONY AWARD

"The WEST WING"

"WHERE the Heart Is"

ACE AWARD

ACTRESS

BOARDING SCHOOL

"BRIGHT Young Things"

BROADWAY

CBS SITCOMS

CHARM

DRAMA DESK Award

EMMY

FILM

"The FORTUNE"

JEWEL

"ADRIAN"
Grew up in
ALASKA
ATLANTIC
Records
AWARDS
Played
COFFEEHOUSES
"DADDY"
DISCOVERED
DYSLEXIC
"EMILY"
FANS
"FOOLISH
GAMES"
FREE concerts
HIT SINGLES
HOMESTEAD
JAZZ (horse's
name)

```
S E M A G H S I L O O F W Z H P
E U T J Y N L L S U Q S K T O H
S O R A M I O D B R E V G E M J
U Y M F T M A S Y L E S L L E S
O R U T E D T A G S E T Q E S R
H A L P D R T N B N L P N V T U
E E I Y A L I U I S I E R I E O
E N L W A S N Z N E L N X S A T
F V I N T C A D C P L S R I D P
F J T I I G J E W E L S T O C K
O I H M A E S J Y N M U I N M A
C U F M U N I T A L P I G N V W
P R A L U P O P U Z E K L G M A
N J I A K S A L A E Z C E Y E R
A D R I A N D E R E V O C S I D
J A K P S N A F R K Q R C B Y S
```

JEWELSTOCK
(fan convention)
LILITH FAIR tour
"LITTLE Sister"
MAGAZINES
Born MAY 23,
1974

"MORNING
SONG"
MTV
"NEAR YOU
Always"
"PAINTERS"
"PIECES of You"

PLATINUM
POPULAR
ROCK music
SURFER
TELEVISION
TOURS
UNPLUGGED

```
E O J C T K R E P S A C R S O R
I M O J E O N E W Y O R K D D A
A D A L R Y N O I S I V E L E T
L N N F M G H I I N L L A E A S
B L O M F S O M G U X E S I N E
U A A I K O P D F H S L Y F M I
M R C L N S K S S M T T M R A V
G U A K O O S L I O N T O E R O
O T E N T' E R T A I N I N G T M
V A S H C O H E I W S L E N I D
X N V C M S S E S W S J Y A N C
T F U U O G M C B P K Z F D R K
M S H N I G F A H G E C L U B S
P M I G P M C I M O C C I A D A
C A D D Y S H A C K O L T U A U
N A V I L L U S D E E L R F Q V
```

Comedy ALBUM

"BACK TO
   SCHOOL"

"CADDYSHACK"

"CASPER"

Comedy CLUBS

COMIC

DANGERFIELD'S
   (nightclub)

"The DEAN
   MARTIN Show"

"EASY MONEY"

"The ED
   SULLIVAN

Show"

ENTERTAINING

GIGS

"The GODSON"

GRAMMY

HUMOR

JOAN Child
   (wife)

"LITTLE Nicky"

MOVIE STAR

"NATURAL Born
   Killers"

Born in NEW
   YORK

NO RESPECT

"The ONION
   Movie"

QUICK WIT

"The SIMPSONS"

SMITHSONIAN
   exhibit

SUCCESSFUL

TALK SHOWS

TELEVISION

"The TONIGHT
   Show"

WALK OF FAME
   star

ESAI MORALES

ACTOR
"AMERICAN
 Family"
BLACK HAIR
"Resurrection
 BLVD."
BOARDWAY
Born in
 BROOKLYN
"CIRCLE of
 Deceit"
COMMERCIAL
"DOG WATCH"
"DYING TO BE
 PERFECT"
"On Wings of
 EAGLES"
"The ELIAN
 Gonzalez Story"
"EQUALIZER"
"Great Love
 EXPERIMENT"
"FAME"
FILMS
"FORTY DEUCE"
"IN THE ARMY
 NOW"
"MY FAMILY"
Born OCTOBER 1,
 1962
"PAID in Full"
School of
 PERFORMING

```
T I Z E U G I R D O R E T I A W
E C U H I T T B Y L I M A F Y M
L M E N V C Y A W D R A O B S G
O P A F A B O Q A M E R I C A N
I R K F R P B M V H T Q Y R L I
V I N T H E A R M Y N O W K O M
A N B E W Y P R D E Z N X E M R
R C R L N T N E M I R E P X E O
T I O E A N U T B E U C R Z E F
L P O V A C S B H O T O I A A R
U A K I E P K T I E T L S A G E
D L L S R L U H M C A G M O L P
I E Y I M O C P A U M T N A E B
A N N O S L E R Q I U Z E I S L
P G F N Z S I E I J R O T R Y V
R E B O T C O F H C T A W G O D
```

Arts
"The
 PRINCIPAL"
"RAPA NUI"
Tony
 RODRIGUEZ
 (role)
"SALOME"

"SOUTHERN
 Cross"
"SPRING Cycle"
TELEVISION
"The TEMPEST"
THEATER
"ULTRAVIOLET"
"The WAITER"

```
O R I V E R R O C K V E W R X L
G E O R G I A Y O S E S I U O X
V S E P T E M B E R J A R V C E
J O L C H E S S F S H R I U N M
S P Z U D N S E Q R T N U O O I
M M G R F A M M O K G E H B T T
Y O S E L I O N I Y N P R R Y G
S C G G N C T R O N O O U D U N
U K N N O I G U E X T M W Y A I
N U I I O S U P A H P J A M H Y
S F D S N U P S E E T L U I E R
H A R K E M R R T Q B T T L L C
I C O M M E R C I A L S I W E G
N M C C L A R I N E T P X H V P
E O E S Y Q S Y M M A R G V E X
H Y R A N I D R O A R T X E N I
```

17 GRAMMYS
HITS
"HIT THE ROAD,
   Jack"
"You Don't
   KNOW ME"
"I Can't Stop
   LOVING YOU"
"Don't Set ME
   FREE"
"One MINT
   JULEP"
MUSICIAN
"You Are MY
   SUNSHINE"
"NO ONE"
"Hide 'NOR
   HAIR"
RECORDINGS
"Swanee RIVER
   ROCK"
"RUBY"
SAXOPHONE
Born SEPTEMBER
   23, 1930
SINGER
SUNGLASSES
TOURS
TRUMPET
"YESTERDAY"

Born in ALBANY
   (GA)
"America the
   BEAUTIFUL"
"BROTHER RAY"
CHESS player
CLARINET
COMMERCIALS

COMPOSER
"CRYING TIME"
ELEVEN children
EXTRAORDI-
   NARY
"GENIUS &
   Friends"
"GEORGIA"

American Musical and Dramatic ACADEMY
"The Magnificent AMBERSONS"
"ATTRACTION"
"BLEACH"
BROADWAY
"CELEBRITY"
"CHICAGO"
"Girls CLUB"
COMMERCIALS
CONNECTICUT
"DEAD MAN'S WALK"
"The DELI"
"DONNIE BRASCO"
FILMS
"FOREVER MINE"
"FRESHENING UP"
"GET CARTER"
"GIRL 6"
"Finding GRACELAND"
"Life on MARS"
MODEL
"NEW ROSE Hotel"
Born NOVEMBER 8, 1972
"PICNIC"
"The SHAPE of Things"
SHY
STAGE
TELEVISION
"The THIRTEENTH Floor"
"TOO TIRED to Die"
Tod WILLIAMS (husband)

```
O E Y T B I N O I S I V E L E T
C H B L U R E B M E V O N V H P
S J I C L C V A L F R G S I Q U
A N P I C F I P M E G I R L A G
R N H N A L O T T R A T A C T N
B E Q C L C O R C A E C M O T I
E W X I B O A D E E S I H M R N
I R W P T C R D N V N G G M A E
N O S I T B S T E A E N P E C H
N S R E S R H O D M L R O R T S
O E G T P O G Y P E Y E M C I E
D E A D M A N S W A L K C I O R
G G R O C D H X J M W I U A N F
E M D I C W F S M L I F J L R E
E E H X K A M B E R S O N S I G
L C Y R D Y T I R B E L E C H P
```

COLIN FARRELL

```
X Z D G I D X B D L A I C E P S
N A M R E G U A V Y L R K W Q L
S O E A S Z R B S O E E G N S E
S F K X Y E H W L H X C B A E G
Z W R C D R A I U I A C Q B N N
U S A E H T O O B E N O H P O A
E M V L N A R T K Q D S H I Z S
B I D F T C R K C D E A S T R S
L A K N R U H I Y A R S R M A I
F M W U A Z O T S T I O A A W K
S I D F P L I R S M P O S E Y Y
N E N J O U R W R E A T I R N L
S E G U R B A E R G I T W D T L
M C L C R R T A G Y N A I M K A
L V E R O N I C A I K T B C O B
V R I R I S H D P Z T P X C D L
```

Speaks FRENCH

Speaks GERMAN

"HART'S WAR"

"INTERMISSION"

IRISH

Born MAY 31, 1976

"MIAMI Vice"

"American OUTLAWS"

"PHONE BOOTH"

"The RECRUIT"

"Minority REPORT"

SOCCER

SPECIAL Olympics

"S.W.A.T."

ACTOR

"ALEXANDER"

"BALLYKISS-ANGEL"

"In BRUGES"

CHARISMATIC

"Drinking CRUDE"

"DAREDEVIL"

"Cassandra's DREAM"

Born in DUBLIN

TATTOOS

"TIGERLAND"

"VERONICA Guerin"

"The WAR ZONE"

PHILIP
RIVERS
PLAYED
COLLEGE
FOOTBALL at
NORTH
CAROLINA
STATE
UNIVERSITY and
 was
DRAFTED by the
NEW YORK
GIANTS, then
IMMEDIATELY
TRADED to the
SAN DIEGO
CHARGERS in
 2004 for
Eli MANNING.
ALTHOUGH
 Manning
HAS WON a
SUPER BOWL,
 Rivers is
CONSIDERED

AMONG the
ELITE
QUARTERBACKS
 in
THE NFL. He is a
CLUTCH

PLAYER,
LEADING his
TEAM to many
FOURTH quarter
COMEBACK
VICTORIES.

```
H C T U L C G I A N T S J S E L
N I N K W O C P Y A K A O T E K
O R P H I L I P L C I N T A D R
W C A R O L I N A A F D D T W O
S Y H J Y E W B L O Y I Z E C Y
A U L K N G R C O A N E R Z G W
H A P E C E H T D G P G D Y G E
T S O E T A B R S R L O E T L N
T N Z R R A B E I M A N N I N G
L H A G L B I E H V Y F T S Z J
Z U E L G R O D M T E E T R W O
Q R Z N O C E W E O R R U E F F
S D O T F D W M L M C O S V D L
A M C J A L M A I W M X N I C Y
A I W R M R D E R E D I S N O C
V H T R U O F T A L T H O U G H
```

```
Y R T N U O C E V W T O A X T C
S J O U R N A L I S T L E S H S
E D Y P G U P L E R U N R E O B
C H A R I T Y I P O I R E U A N
Y A S E K L V V G W R S T F M E
X V J H H O O A S A E H I F A F
D A P O M T C T T B E I R X L C
Y N S O W S O I U R B S W L Y O
F A Q T A R U R N P B T G A S R
N O P P E G G A R P M O N N C A
R S L S J E X G L A D R O D A L
U O I K R U K R N L P Y S S F R
B P F N R V S A M T S I R H C X
U M X I G O T M R O H T U A R D
A T K P N E C K F A P Q U R N H
U J A M E S R K V H P O N K G K
```

Daydreamin'"
HISTORY degree
"HOOT"
  (producer)
JAMES Delany
  Buffett, Jr.
JOURNALIST
LANDSHARK
  Lager
MANATEE
  preservation
"MARGARITA-
  VILLE"
MOVIE producer
"PARAKEETS"
  (tribute album)
PARROTHEADS
  (fans)
Born in
  PASCAGOULA,
  (MS)
PILOT
SINGER
SONGWRITER
University of
  SOUTHERN
  Mississippi
"SWINE Not?"

AUBURN
  University
AUTHOR
Margaritaville
  CAFE
CHARITY
"CHEESEBURGER
  in Paradise"

"CHRISTMAS
  Island"
CORAL Reef Band
COUNTRY
"FINS"
FOLK ROCK
GUITAR
"HAVANA

"A BICYCLETTE"
Carole AMIEL
  (wife)
"AUTUMN
  Leaves"
"CLEMENTINE"
"The CRUCIBLE"
EDITH PIAF
  (mentor)
"Les FEUILLES
  MORTES"
"Jean de
  FLORETTE"
Lived in FRANCE
"My GEISHA"
"GOODBYE
  Again"
"GRAND Prix"
Born in ITALY
IVO LIVI (real
  name)
"La LEGGE"
"Dans LES
  PLAINES du Far
  West"
"LET'S MAKE
  LOVE"
"LUNA PARK"
"MANON of the
  Spring"
"MARGUERITE
  of the Night"

```
S G D O S E G A W E Y B D O O G
E M E U A C R U C I B L E X R S
T A N I N L C L E M E N T I N E
R R N E S F Z J Q T G R A N D V
O S H U L H G H S O P K Z O P Y
M E B R U F A M V T R S F N M I
S I T I M Y A D R A E L C A N O
E L R T I K E I P E E R R M I C
L L I L E M F A P S G G M T T R
L E V L R L N L P H U N A E N E
I D O V E U C L O E T L I M E C
U V L W L G A Y R R Y I U S L N
E Y I E M I G I C U E T D E A A
F V V W N N T E S I U T I E V R
J L I E E E O L R A B M T J Q F
S Y S I R A P Z W T A A P E Y M
```

MARSEILLE
"ON A CLEAR
  DAY You Can
  See Forever"
"Is PARIS
  Burning?"
"Etoile SANS
  LUMIERE"

SINGER
Monsummano
TERME
  (hometown)
VALENTIN (son)
"The WAGES of
  Fear"
YVES Montand

```
Z J K H A R T I S T S D Q B C P
Y C J H A L S E I T I R A H C L
M A I N O L B K M S W R A A A A
S E V S G R L U C U R R P R S T
Y I E E U Q I O M Y T O U M D I
E A N L K M J Z F S P T S O R N
N L I G X C R J O F A T E N A U
U V G N E M O W D N A E N I W M
O U H I S R C R R Y T M H Z A K
L E T S G V S M I D H A E I N Y
E K C A R T D N U O S L L N T H
M S L I N J A T N B F I J G V S
Y R U I R L R O N E S R E T E P
B U B B I U R C O M P O S E R S
V O S V M S A K V O C A L S Y O
R T E G R A M M Y S Q J E Y H Z
```

"JIVE Talkin'"
"MAIN Course"
MAURICE Gibb
Vince
  MELOUNEY
  (guitar)
"MR. NATURAL"
MUSIC
NIGHTCLUBS
Colin PETERSEN
  (drums)
PLATINUM
  record
POP
ROBIN Gibb
ROCK-'n'-roll
SINGERS
SINGLES
"To Love
  SOMEBODY"
"Saturday Night
  Fever"
SOUNDTRACK
"STAYIN' ALIVE"
TOURS
VOCALS
"WINE AND
  WOMEN"

ALBUMS
ARTISTS
AWARDS
BARRY Gibb
CHARITIES
CHARTS
COMPOSERS

DISCO
GRAMMY
HALL OF FAME
HARMONIZING
HITS
HONORS
"HORIZONTAL"

ACTOR
"To Hell AND
  BACK"
ARLINGTON
  National
  Cemetery
ARMY
AUTO-
  BIOGRAPHY
BELGIAN medal
BILL MAULDIN
Two BRONZE
  Stars
CALIFORNIA
COMPOSER
Most
  DECORATED
  soldier
39 FILMS
FRENCH medals
HERO
Medal of HONOR
"LIFE" Magazine
  cover
MOVIES
OFFICER
PURPLE Heart

RECRUITED
Distinguished
  SERVICE Cross
Son of
  SHARECROP-
  PERS
Two SILVER Stars

SOLDIER
SURVIVOR
TEXAN
WESTERNS
WORLD WAR II
WOUNDED in
  action

```
Y T B Y M R W C R E I D L O S J
H F I L M S E O O H C N E R F G
P B L D H R V V V M L I F E M Z
A R L W E I A U L C P A V O Y F
R Q M T V C E Y A I I O V R J B
G F A R E T O L I W S I S I E M
O C U B B X I R V E E W X E I S
I S L N E F A V A S Y O F X R T
B E D Y O W P N J T H U R U E E
O L I R D T D S V E E N R R C L
T U N L V B G H Z R R D O C I P
U I R G A Q U N O N O E T G F R
A O I C H I O N I S I D C I F U
W T K R I R O B E L G I A N O P
K M B W B H V R E C R U I T E D
J S R E P P O R C E R A H S E H
```

MARTINA MCBRIDE

```
G R C J C P J D W C W I W V T I
N S H O C O E D I V C I S U M R
O F A H E E L G N R E G N I S F
R M R N J O L O H J B W Q A V F
W W I N G D I E N J Y E D C I I
O H T J Z T V T B G Q D R M X H
S L Y R U T H S D R A W A A M C
E M E L E A S U F I I N O W W S
Q X O O T C A I R G G T B A L H
U V I S P R N Y L E N R Y R Q A
E Y M G X R F O L A L I E D Z R
P E W Y E A Y S C H C A K S F O
C O N C R E T E X H D O L A R N
Z B N M A R E M M I W S V B W R
D A T N G Y R T N U O C S O U Y
D T L E U E L G L L Z E I V O M
```

JOHN McBride
  (husband)
KEYBOARD
MOVIE
  soundtracks
(CMT) MUSIC
  VIDEO Awards
Lives in
  NASHVILLE
Grand OLE OPRY
READING
Martina SCHIFF
  (birth name)
Born in SHARON,
  (KS)
"SHINE"
SINGER
SWIMMER
"THAT'S ME"
VOCALIST
"WAKING Up
  Laughing"
"A Broken
  WING"
"WRONG Again"
YWCA charity
  work

ACM AWARDS
ALBUM
"Wild ANGELS"
CELEBRITY
CHARITY
CMA AWARDS
CONCERT

"CONCRETE
  Angel"
COUNTRY
Grew up on a
  DAIRY FARM
DANCE
"EVOLUTION"

ALBERT PUJOLS

Hank AARON
 Award
ALL-STAR
BASEBALL
CARDINALS
CHARITY
Roberto
 CLEMENTE
 Award
CONTRACT
DEIDRE (wife)
Home run
 DERBYS
DOMINICAN
 Republic
Late-round
 DRAFT pick
Pujols FAMILY
 Foundation
FIRST BASE
GOLD GLOVE
HITTER
HOME RUN titles
MAPLE WOODS
 Community
 College
Three-time MVP
PLAYOFFS

PROFESSIONAL
RIGHT-HANDED
ROOKIE RBI
 record
SILVER Slugger
STEALS
ST. LOUIS

STRONG ARM
Rookie of THE
 YEAR
Batting TITLE
WALKS
WORLD SERIES
 champion

```
L S M A P L E W O O D S T G D K
A G T S J A I B R E I K O O R Z
N U R E M O H D D A D O M L K W
O Z E V A Y D N L E Z I N D I D
I P P L L L A L F K N D M G E J
S J Y I A H S I P I O E J L T Y
S E M C T T R S C L R R S O C T
E A I H A S E A M L A B I V R I
F T G R T R N R R A A Y U E I R
O I N B E T D E A B E S O L T A
R D A E F S T I G E N L L F J H
P S Q A M T D Q N S Y Q T M F C
E E R D I E D L O A H E S I Z S
A D G H P L L V R B L R H Z T V
E C O N T R A C T O D S J T M D
V R R R E V L I S N W A L K S A
```

DONALD TRUMP

```
C I R E R E P O L E V E D T T U
E C I T N E R P P A S C C H H Y
G H Y A N M A I S L E I V E E C
I E S N E E O L A L T V W D D T
T W N G K L T E E N E G A E O P
S W S A O A D B A S O T R A N U
E H K M P N R L X L T I O L A R
R A Y W S I T S F S F A L H L K
P R S N T A Q C O E O O T L D N
T T C Y U R O Y R C I N O E I A
D O R J O U S U R V I V I N G B
H N A U R M O T A D S A C S Q Y
L D P S M Y F N E M O C L U A U
P F E B F P K R O Y W E N I U C
L S R U V A F L A H A M J A T W
S T S I P O R H T N A L I H P E
```

HOTELS

IVANKA (daughter)

MAGNATE

MELANIA (wife)

NEW YORK

OUTSPOKEN

PHILANTHRO-
PIST

PRESTIGE

REAL ESTATE

SKYSCRAPERS

SOCIALITE

"SURVIVING at
the Top"

Trump TAJ
MAHAL

"The Art of THE
DEAL"

"THE DONALD"
(nickname)

TRUMP Tower

WHARTON
School

"YOU'RE FIRED!"

"The
APPRENTICE"

ATLANTIC City

BANKRUPTCY

BILLIONAIRE

CASINOS

CELEBRITY

DEALS

DEVELOPER

ERIC (son)

FRED (father)

GOLF COURSES

ACTRESS
AIRLINE
 president
"BIG JAKE"
"The BLACK
 Swan"
"BUFFALO Bill"
Born in DUBLIN
FILMS
Maureen
 FITZSIMMONS
 (birth name)
John FORD
 (director)
GOLDEN BOOT
 AWARD
"'Tis HERSELF"
HOLLYWOOD
IRISH
"JAMAICA Inn"
LEGEND
LIFETIME
 Achievement
 Award
"Only the
 LONELY"
"MCLINTOCK!"
"My Irish
 MOLLY"
"The PARENT
 Trap"

RED HAIR
RETIRED from
 acting
"RIO GRANDE"
SOPRANO
"THE QUIET
 MAN"
"To the Shores of

TRIPOLI"
WALK OF FAME
John WAYNE
 (costar)
WESTERNS
"The WINGS of
 Eagles"

```
D U B I D P W E S T E R N S H N
R P G L L U S H Z W D I C A F S
A P Z Q A O B H A E N X D I L F
W A X S P C P L R O A Z O R E L
A R F R N F K I I Q R C L L S I
T E A G I O T S R N G T E I R F
O N Y L F E M S S T O R Q N E E
O T M F R N A M T E I U Q E H T
B S A C H A S A I M R A C O R I
N M P H L Q C G M S O T L M D M
E K A J G I B E N Q Z L C N N E
D D B W A Y N E Q I Y T L A E V
L O U M Q N Q T R W W D I Y G Q
O L A F F U B I O J V R O F E P
G J H P W A S O E C L O N E L Y
X L R I A H D E R D K F S Y S H
```

REBA MCENTIRE

```
J W U L L A C R U O Y D T M G P
M C A N A S H V I L L E V R A N
Z E I K C O H C L Z L A Y O S S
H B R O A D W A Y E F R F I C S
W C K C T E E I V T O G X F O M
F A O W U P X I U T R T N F U U
P I L N L R S O S S E S S E N B
U S T K T I Y Y D E V T M D T L
Y L I A O R M R N Y E A O T R A
R R Z N H F A X E U R R C R Y U
A I L E G W F L D C L S T E Y T
L G M V A E K A T J O T I M O H
U W W A R A R I M O V R S O U O
P O M E O A N N I E E U D R L R
O C B H L U F S S E C C U S I S
P A C L S S E R T C A K I U E F
```

FIRST"
"FOREVER
 LOVE"
"Up to HEAVEN"
MCA
 NASHVILLE
 records
MERCURY
 RECORDS
"Reba: MY
 STORY"
NARVEL
 Blackstock
 (husband)
Played Annie
 OAKLEY twice
POPULAR
"REBA"
SINGER
SITCOM
"Sweet SIXTEEN"
STARSTRUCK
 Entertainment
SUCCESSFUL
TELEVISION
"TREMORS"
Hollywood
 WALK OF FAME
"WHAT IF It's
 You"
"YOU LIE"
"It's YOUR
 CALL"

ACTRESS
ALBUMS
"ANNIE Get Your
 Gun"
AUTHOR
BROADWAY
"BUFFALO Girls"
Born in CHOCKIE,

(OK)
CMA AWARDS
CONTRALTO
COUNTRY
"COWGIRLS
 Don't Cry"
"Reba: DUETS"
"You're the

ACROBAT

ACTOR

"BRINGING Up Baby"

Born in BRISTOL, England

BROADWAY

"CHARADE"

DEBONAIR

ELEGANCE

FAMOUS

"FATHER GOOSE"

FILM

FUNNY

"GUNGA DIN"

Alfred HITCHCOCK (films)

HONORARY Academy Award

HUMBLE

HUMOR

"INDISCREET"

Archie LEACH (birth name)

LEADING roles

MUSIC

"NINA ROSA"

"NORTH by Northwest"

"NOTORIOUS"

OSCAR

PARAMOUNT Pictures

PERFECTIONIST

POISED

PROFESSIONAL

ROMANTIC roles

SONGS

STACCATO delivery

VAUDEVILLIAN

```
T H F O T A C C A T S H D A T C
S E C G N I G N I R B E R R H Y
O L T A C R O B A T B S E A L N
N B C I E A H T R O N P R V O N
G M S F V L H O N O R A R Y T U
S U O M A F P A D O D S M K S F
M H N N U T I A F E G U C O I E
M B N I D R H E R N S O L L R Z
H R I N E E S E I A C I M A B N
W O D A V S L D R H M R O M U H
K A A R I J A E C G A O O P K O
Q D G O L E F T G C O T U T S M
P W N S L I I N S A Q O K N C G
Y A U A I H E O S X N N S Q T A
L Y G H A Y I N D I S C R E E T
T T S I N O I T C E F R E P Y K
```

```
T H G I N D I M M C C V V G C D
G W V E A F M A J Y D E M O C C
C H A R I T Y X R U G S M L W R
P R I D E H N H C R A E S D O K
U Y W J T J D A E H D C H E I E
D M I M P R E S S I O N S N U C
N M C O A A A O A D W L G G P G
A E A C N O U N V C A S T L Y K
T H M G U L G J S I O B H O R P
S N E Z M L Y A C F L J E B E O
F L I E P S L E C C O N R E C Z
S R N A N M P O N I N R I S U L
Z O R A M S M C U O H A M K D D
K T E L O E J R P G M C A E O N
Y C B B D E S U O H H O J C R Y
O A H Y A D I R F H L W M U P S
```

ACTOR
"Charlie's
  ANGELS"
"BAD SANTA"
"The BERNIE
  MAC Show"
CHARITY
Born in

CHICAGO
COMEDIAN
"Def COMEDY
  JAM"
EMMY
  nominations
"FRIDAY"
GOLDEN GLOBE

nominee
"GUESS Who"
HBO SPECIALS
"HEAD of State"
"HOUSE Party 3"
IMPRESSIONS
"The Original
  KINGS OF
  COMEDY"
Bernard
  MCCULLOUGH
  (birth name)
"MIDNIGHT
  Mac"
"MO' MONEY"
NAACP Image
  Award
"OCEAN'S
  Eleven"
"The Dinner
  PARTY"
"PRIDE"
PRODUCER
Comedy SEARCH
  winner
"SOUL MEN"
STANDUP
"Above THE
  RIM"
"TRANS-
  FORMERS"

HAKEEM OLAJUWON

12-time ALL-
  STAR
ATHLETE
BASKETBALL
  player
BIG MAN Camp
Shot BLOCKER
CAREER
CENTER
Back-to-back
  CHAMPIONS
CLUTCH
DALIA Asafi
  (wife)
DRAFTED above
  Michael Jordan
"HAKEEM the
  Dream"
HALL OF FAME
University of
  HOUSTON
Born in LAGOS,
  Nigeria
"LIVING the
  Dream"
NBA FINALS
NCAA FINAL
  Four
NIGERIAN-
  American
OLYMPICS
QUADRUPLE-

double
Toronto
  RAPTORS
REBOUNDS
Houston
  ROCKETS
"Dream SHAKE"
  (move)

"Phi SLAMA
  JAMA"
SOCCER goalie
STEALS
Most VALUABLE
  Player
YORUBA (ethnic
  group)

```
I Q Z V N A M G I B S L E S S S
U O S N O I P M A H C E N T E R
R T H B P E N S A C T A B E B V
S Y E O S A K K A E M L S K S E
C L E R U E E R L A R L G C O I
I M N L T S E H J E A S Z O C E
P H B B B E T A B E A T B R C M
M C A L R A M O T D R A F T E D
Y L F L A A U S N L H R N E R R
L U I S L N P L B L O C K E R L
O T N S D O I T A N I A L N E E
D C A S K S F F O V H V I H V L
Q H L A G O S F A R S G I L I P
B W S Y O R U B A A S U I N A Q
Z N A I R E G I N M C C X U G D
B U Q U A D R U P L E N J C K Z
```

```
N A I C I S U M O O S E S U F B
R K L K P D G U I T A R G E S V
X C L S M U B L A T E P S O I A
M O T O R C Y C L E B T C A N R
W M K S F X I M R S I I O I G I
R M F C H N H A C V A B M G E E
I E Y F O E C O A L E A E L R T
T N L M O T N L E G E N D A R Y
E T R L N C S A C A F B I T E C
R A H K E Y C D N O U R A S M Z
H T I R L T L A O D M T N O R G
S O T D I M Y K L O O P H N O N
R R S V R J K R O I W A O O F I
U P I A N I S T O O C C H S R S
O S F R R E N I A T R E T N E I
T L L A C I R I T A S B S H P R
```

FOLK singer
GUITAR
HARMONICA
HITS
LEGENDARY
"MOOSES Come Walking"
"The MOTORCYCLE Song"
MUSICIAN
NOSTALGIA
PBS CONCERT
PERFORMER
PIANIST
RISING Sun Records
SATIRICAL
SHENANDOAH (band)
SINGER
SOCIAL conscience
STORYTELLER
TOURS
VARIETY shows
WOODSTOCK
WRITER

ACTIVIST
ALBUMS
"ALICE'S Restaurant Massacree"
Children's AUTHOR
Born in

BROOKLYN
CAREER
COMEDIAN
COMMENTATOR
COMPOSER
ENTERTAINER
FARM Aid
Folk FESTIVALS

MINNIE PEARL

AWARDS

BELLE

Born in

CENTERVILLE,

(TN)

"COAL Miner's

Daughter"

Sarah COLLEY

(birth name)

COMEDIENNE

"CUTTIN' the

Fool"

DANCE teacher

DIRECTOR

ENTERTAINER

FASHIONABLE

GRAND OLE

Opry

Trademark HAT

"HEE HAW"

"HOWDEEE!"

HUMOR

"MONNETTE"

PERFORMER

POODLE

SATIRIST

"SHOW BIZ"

SOUTHERN

STAGE

TELEVISION

TENNESSEE

TRIBUTE

WARD-

BELMONT

College

```
E N T E R T A I N E R A E A R I
L Z V R A A C T S E E J P Z R N
B D W D W O S H I Z W A H E E H
A R C A A I O U X S Y L M R L K
N P E L R W C M L P T R G O D G
O I N I D D G O K N O A S T O F
I P T E S Z B R M F T P G C O E
H A E T G S D E R E A K C E P E
S E R T U X E E L O D N A R G S
A U V K T C P E J M P I L I H S
F W I A O E V O T A O K E D J E
B E L L E I N W Z U B N E N C N
P U L T S Y V N Z B B H T N N N
N E E I A X H R O H A I A Z S E
Y S O U T H E R N M D D R V Z T
V N Q B G H Z I B W O H S T S P
```

PORTER WAGONER

```
K G C O N V I C T H B F K B Q G
J R R R X R O Z M U L B D E L O
W I E A I U D E T A C I D N Y S
E A G D N G N C M S A S K O R P
N S R T N D H B T U V W R T I E
G O R D N E O T E I A R A I C L
H Y T I R Y L L L T Z U Z R S Q
S A M R A O B S E S Z B O A D S
S B L N A V B R V O O B P B K S
A C T L J P S E I H P E I I F I
R W A G O N M A S T E R D J J N
G A P J B F G U I T A R Y S V G
E Y H S A L F U O X O O H J W E
U B F N M G S A N W Y O M V R R
L J Q G N I K A M C W M U S I C
B Q U N P L U G G E D H S T D L
```

HALL OF FAME
LYRICS
"MAKING Plans"
"A Satisfied
  MIND"
MUSIC
"The OZARK
  Jubilee"
Dolly PARTON
  duets
"The RIGHT
  Combination"
"RUBBER
  ROOM"
"The Porter
  Wagoner SHOW"
SINGER
"SKID ROW Joe"
  (alias)
SLENDER
Intricate SUITS
SYNDICATED
TELEVISION
"UNPLUGGED"
"WAGON-
  MASTER"
WARDROBE
"Cold Dark
  WATERS"

BARITONE
BLUEGRASS
Worked as a
  BUTCHER
CMA AWARDS
"Soul of a
  CONVICT"

COUNTRY music
FLAMBOYANT
FLASHY
GOSPEL
GRAND OLE
  OPRY
GUITAR

ALL-STAR
ASSISTS leader
ATHLETE
BARCELONA
BASKETBALL
CHAMPION-
 SHIPS
CHARITY
COACH
COLLEGE
 champion
COMMENTATOR
COOKIE (wife)
DRAFT
"DREAM TEAM"
EARVIN (first
 name)
FINALS
GOLD medal
HALL OF FAME
HIGH SCHOOL
 champion
HOST
Los Angeles
 LAKERS
Born in LANSING
 (MI)
LATE-NIGHT

```
Y T I R A H C D A A T H L E T E
S S X V P Y L T S O H U C M K J
L P P L O O H C S H G I H A Q B
A Z E I G A I N I V R A E F O X
N K G A H T L N S E B G S F S C
I N N C K S J L T L E E E O S O
F X I X L E N I S G L T N L R O
Q D S C L L R O E T U B L L E K
V R N M K E A L I O A A Y A T I
H E A A M N L T L P B R R H I E
L A L E P O A Y E T M Y N D U S
A M N O C O M M E N T A T O R L
K T W Y N P O K E S I F H I C A
E E L R I C S I K D D G A C E E
R A Q C N A G I H C I M H R R T
S M S D B A R C E L O N A T D S
```

show
MICHIGAN State
NBA
NICKNAMED
 Magic
OLYMPICS
POINT GUARD

POWER forward
RECRUITERS
RETIREMENT
Motivational
 SPEAKER
STEALS
TITLES

```
E C I O H C S E L P O E P K Z Z
I B C R H N T R S N E G Y A R N
H R R E N A O Q O D R L L E C Y
S E I V O M P I Z T R E T R C L
B C M L N A S P B E S A D B N K
T N I V B I T I Y D E O W A K O
H U N L V K S S H H B X P A E O
D O A E C C E N T R I C R M O R
N B L A R D U E O U M O F R I B
O E L L W I G A C A D I L L A C
T B V O Y A D B L S M E I Z I O
L Q O T T W C C G A J R N L F V
A D O S A D O T E T B T F T I O
S P A Y A L K O O U T E K C A J
O U U Z M K N O D R E D K X W F
R Q I X T D J O G N A T F C I K
```

Carin van DER
  DONK (wife)
ECCENTRIC
"ED WOOD"
GUEST SPOTS
"HAPPY
  Accidents"
HOLLYWOOD
"IMPOSTOR"
"Full Metal
  JACKET"
"JFK"
"MALCOLM X"
MOVIES
PEOPLE'S
  CHOICE
READER
"The SALTON
  Sea"

ACTOR
AWARDS
"Men in BLACK"
BOUNCER
"The BREAK Up"
BROADWAY
Born in

BROOKLYN
"CADILLAC
  Records"
"The CELL"
"Law & Order:
  CRIMINAL
  Intent"

SATURN Award
STAGE
STUDENT films
"Naked TANGO"
TELEVISION
THEATER

ACCORDION player
ACTION movies
ACTRESS
"ALLY MCBEAL"
"Charlie's ANGELS"
ARTIST
ATHLETIC
AWARDS
"Play it to the BONE"
"CHICAGO"
COMEDIES
Independent FILMS
"GAME OVER"
HOLLYWOOD
"JERRY Maguire"
"KILL BILL"
LING WOO (role)
MARTIAL arts
MODEL
"MOLLY"
Alex MUNDAY (role)

NEW YORK CITY
PAINTER
"Kung Fu PANDA"
"PAYBACK"
PHOTOGRA- PHER

ROCK climber
"SHANGHAI Noon"
STRONG roles
TELEVISION
"TRUE Crime"

```
R D L Y Q T Q Y H U D K X L G N
E Y T E A Y S S S E R T C A O J
H C R G R D L I D R B Y M I P O
P N U R R R N O T O O E T T Z G
A G E A W H O U N R O C X R R A
R J W W L W T E M V A W K A E C
G A L L Y M C B E A L T G M T I
O C Q L A O G R Q U E O F N N H
T C L N T D R S S L B R T T I C
O O M V H C N K E H F D F I A L
H R Y L L O M V C I A I A S P E
P D E T E W I F N I D N L K F D
O I M S T S Y L V X T E G M V O
P O L L I B L L I K G Y M H S M
C N Z O C S T R O N G F B O A C
A D N A P A Y B A C K D R E C I
```

```
S H W I O M U N A M K N A L B S
S U N A S V T X G F T B V C K I
E T J G L A E M N O N A E L E O
R D R A M A C R I T I C S O G N
T H N E R D L I H C P A P E R I
C V G T B I L T T R P L I B Z L
A H O C S O S N E G W D D D W L
N J D I M S R R M I N X A E C I
G M S R C L E I O A L U E I E M
E E P T G E N P S I G O R U E M
R T E S T S W N Y H R E J I E O
I Z L I I O E O T T G R S V S D
F J L D R M N E R N N T A H G N
H O E L R E R Y I K O I A W D A
Z R D A S L H S H O V F T P Y R
S E C N E F W K T S T A G E G Y
```

DRAMA CRITICS Award
"FENCES"
"Streets of FIRE"
"GODSPELL"
University of ILLINOIS
"The INSIDER"
Born in JOLIET, (IL)
"L.A. LAW"
"LEAN ON ME"
"The PAPER"
"RANDOM Hearts"
"Bob ROBERTS"
"SHAFT"
SINGER
STAGE
"THIRTYSOME-THING"
"TINTYPES"
TONY Award
"TOOTSIE"
VOICEWORK
"The WARRIORS"
Theater WORLD Award

ACTRESS
"ANGER Management"
"BLANKMAN"
"Where in the World is CARMEN SANDIEGO?"
"All My CHILDREN"
"An American DAUGHTER"
"The DISTRICT"
Los Angeles

TIM RICE

AARDVARKS
  (band)

"AIDA"

ALBUMS

"BEAUTY and the
  Beast"

"BLONDEL"

BROADWAY

"CHESS"

"Oh What a
  CIRCUS"

COMPOSER

CRICKET player

DISNEY

ENGLISH

"EVITA"

FILM

"HEATHCLIFF"

"KING DAVID"

KNIGHTED

LYRICIST

MUSICALS

NOVELLO
  Award

OSCARS

POP CHARTS

PUBLISHER

QUIZ show guest

SINGER

"STARMANIA"

"Jesus Christ
  SUPERSTAR"

"THE LIKES of

Us"

TONY Awards

Show TUNES

London's WEST
END

WRITER

```
Q I B D E T H G I N K W X H X I
R S M N M H R A T S R E P U S C
E Y T U A E B A Y A V Y Y I H D
T M P T S L D R T E A M N E B H
I E L S L I H D H W N G S S F Y
R Y K I A K C V D S E S R F B W
W D K C F E Q A S R I A I W L P
T O C I I S O R L U C L E D O W
J L V R N R F K E S C S G P N Q
A L K Y B G C S O H T R C N D E
F E S L R Y D G T E S H I B E V
O V S T A R M A N I A I S C L I
T O N Y Z Y E D V R Y P L Q J T
U N Q L P H J L T I S M U B L A
L H B T U N E S C K D I Z S U G
R E S O P M O C T S Z J W M E P
```

```
W N M G R N E M A F F O K L A W
O A O L W A O Y J C S I N N E T
R M C T D U N I R A C S O K B X
R F K A Z Y M G S U L I R X G Z
O F I N D O M T E I T B D U V B
M O N G P E R R G C V R A Q H F
O H G O T U M H A Q A E V D P Z
T V B Y E H T Y W M L I L T O R
R D I G L S E D A T P B E E S N
V E R V H A P N S W Y O P V T M
L I D I Y S N O I T A N I M O N
T B P N X W P O I G Z R D R F D
H L X Z E A C C I V H A D O F P
M L I F E T T Q X T O T K T I Q
I V V H Y Z P E D R A Z A C C N
G H T F F B V I R G I N I A E K
```

ACADEMY

AWARD

"A Civil

ACTION"

ACTOR

ARMY veteran

"Naked CITY"

"Lonesome

DOVE"

DRAMA

FILM

Roomed with

Dustin

HOFFMAN

"The

LIGHTSHIP"

"To Kill a

MOCKINGBIRD"

NATIONAL

Medal of Arts

NOMINATIONS

OBIE Award

OSCAR

Luciana

PEDRAZA (wife)

Former POST

OFFICE clerk

"Open RANGE"

"The ROAD"

TANGO dancer

TELEVISION

"TENDER

Mercies"

TENNIS

"THE APOSTLE"

"We Own THE

NIGHT"

"TOMORROW"

"TRUE GRIT"

Born in VIRGINIA

WALK OF FAME

THE DIXIE CHICKS

ALBUMS
ARTISTS
BALLADS
BANJO
BILLBOARD
 Music Awards
BOYCOTTS
CMA AWARDS
CONCERTS
COUNTRY
DOCUMENTARY
"Goodbye EARL"
EMILY Robinson
FIDDLE
"FLY"
GRAMMYS
GROUP
"HOME"
"LONG TIME
 Gone"
"Taking the
 LONG WAY"
MANDOLIN
MARTIE Maguire
MUSIC
NATALIE Maines

OUTSPOKEN
RADIO
RECORDS
"Shut Up and
 SING"
"SIN WAGON"
"Travelin'

SOLDIER"
"Wide Open
 SPACES"
TEXAS
TOUR
TRIO

```
Z R S T T O C Y O B W O E S B O
Y R A T N E M U C O D X C E R V
Y S S D N A A D F S D R O C E R
K T O T I N A H D B Y C S A D M
M R L R O O W R C M A M V P V L
P E D O U U A N A R U L M S R R
N C I X U O R N T B S Y L A P M
H N E L B T D I L X L L E A R N
O O R L A O S A F I D D L E D G
M C L T L T P P M L P U O R G S
E I R I S P A E O C O U N T R Y
B I N P V R C N Z K E O G C J E
O T T E R G G N A O E J T I I Q
U J V R O W N O G A W N I S A T
R T E X A S I I D P Y A M U E M
S F L Y C M M N S C W B E M O O
```

PUZZLE 1

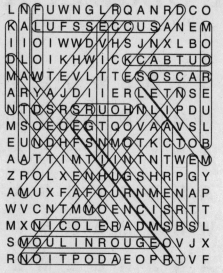

PUZZLE 2

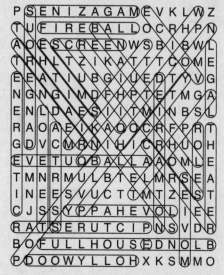

PUZZLE 3

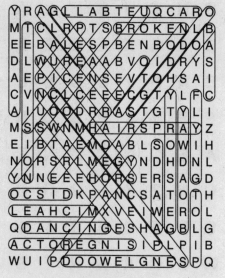

PUZZLE 4

PUZZLE 5

PUZZLE 6

```
M A P O L O G Y A W A T S A C R
Y A W D A O R B B R O K E N O M
R P N M E F I W D O O G A R Q O
G R A H R R H D D V T T R I J N
R R A E A A O W E E I I C B U E
D A D P M T A R L L M H H A D D
C R S M E I T E O E I G I B G D
O L Y E T N V A H B A U N Y E U
N P O R A I N T N N L O G B L S
F X E Z S C S A O A O R B L O P A
E S C I J A S T E F M S A O P S
S S O D X M H U G J F T I M A U
S N E E R E H T I M S B S D D D
I P T B R T E O P L M X E F A E
O A I G L A S S H O U S E A B M
N G G K X A T R A K A J C I T Y
```

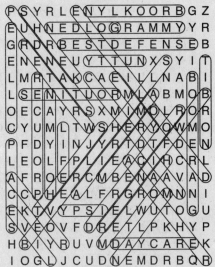

```
P S Y R L E N Y L K O O R B G Z
E U H N E D L O G R A M M Y Y R
G R D R B E S T D E F E N S E B
E N E N E U Y T T U N X S Y I T
L M R T A K C A E I L L N A B I
L S E N I T U O R M L A B M O B
O E C A Y R S X M I M O L R O R
C Y U M L T W S H E R Y O W M O
P F D Y I N J Y R T D T F D E N
L E O L F P L I E A C I H C R L
A F R O E R C M B E N A A V A D
C C P H E A L F R G R O M N N I
E K T V Y P S I E L W U T O G U
S V E O V F D R E T L P K H Y P
H B I Y R U V M D A Y C A R E K
I O G L J C U D N E M D R B Q R
```

```
N O I T A R T S E H C R O D S T
V P O V Q A Y G O L D E N R K H
O O O O H T H G I N K W E R G G
V R M P T S F M P R O Q W D D I
K J O B S R T D L D U S Z S O L
S E T L C E C C E I C D C H O R
C L N L O P A L E O F R R A O A
W B A N R U T M M P G A W Y R T
Z H H C E S S P O T S W F X E S
B M P M I D O X U N A A V S E I
O V C H F S Y J A L A W N V B L
R L W R E C U D O R P U E D E L
E J I R G R A M M Y S E O V U E
S J E V X P U Z X P J F I N X C
U E D L E G S B Y N O T A R G G
P I L Y F R P O G L A Y O R P Q
```

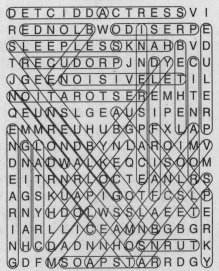

```
D E T C I D D A C T R E S S V I
R E D N O L B W O D I S E R P E
S L E E P L E S S K N A H B V D
T R E C U D O R P J N D Y E C U
J G E E N O I S I V E L E T I L
N O I T A R O T S E R E M H T E
Q E U N S L G E A U S I P E N R
E M M R E U H U B G P F X L A P
N G L O N D B Y N L A R O I M V
D N A O W A L K E Q C I S O O M
E I T R N R L O C T E A N L R S
A G S K U A P I G O T E C S L P
R N Y H D O L W S S L A E E T E
I A R L L I C E A M N B G B G R
N H C D A D N N H O S N R U T K
G D F M S O A P S T A R R D G Y
```

```
P L I G A V E M A R I A Q S S Y
W A D R U O T R E C N O C T M W
Z C Y L A T I V S D R A W A U Z
G I N L C P O L R J S H Y R B I
P S N X I S T R L Y A S Z V L Y
G S R S S R I M E E T W R A A H
P A A O U X A M J E C A B R W
X L R T M E S Z U B R O L I Y D
K C A T S C C O W I H A B E E A
F M D T I K H T V E A K C T N U
J V R R I E E F M O K N F Y X T
B O Y P T N D E V M I S P O H
Q L O I F G U W G G C G P Z O
F P I A P R L M O N M T E N O R
B M N N T S E D O M I R O Z O O
V C I O D X G Z R J A S F A N S
```

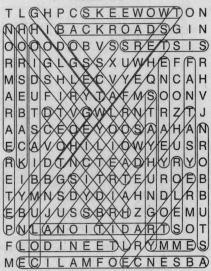

```
T L G H P C S K E E W O W T O N
N H H I B A C K R O A D S G I N
O O O O D O B V S S R E T S I S
R R I G L G S S X U W H E F F R
M S D S H L E C V Y E Q N C A H
A E U F I R Y T A F M S O O N V
R B T D T V G W L M R Z T J
A A S C E O E Y O O S A A H A N
E C A V O H I L I O W Y E U S R
R K I D T N C T E A D H Y R Y O
E I B B G S I T R T E U R O E B
T Y M N S D Y D Y A H N D L R M
E B U J U S S B R H Z G O E M U
P N L A N O I T I D A R T S O T
F L O D I N E E T L R Y M M E S
M E C I L A M F O E C N E S B A
```

PUZZLE 13

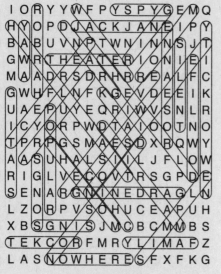

```
I O R Y Y W F P Y S P Y G E M Q
H Y O P D J A C K J A N E I P Y
B A B U V N P T W N I N N S J T
G W R T H E A T E R I O N I E I
M A A D R S D R H R R E A L F C
G W H F L N F K G E V D E E I K
U A E P U Y E Q R I W V S N L R
I C Y O R P W D T A I O O T N O
T P R P G S M A E S D X R Q W Y
A A S U H A L S I X I L J F L O W
R I G L V E C O V T R S G P D E
S E N A R G N I N E D R A G L N
L Z O R P V S O H U C E A P U H
X B S G N I S J M C B C M M B S
T E K C O R F M R Y L I M A F Z
L A S N O W H E R E S F X F K G
```

PUZZLE 14

```
P S I X T H S E N S E H S B B D
E W R N A M R E G G I R T E I T
T D R E T H G I F L L U B A Z S
S E J E H E J Q E S X M M H G D
Y T P E S T B O O M T O W N R I
B I U E L T O O C B N O I E E K
P R R E F C L R F D Z D A G S W
E I G R T E R E B R R M O W O E
T P A H B T I I M O C M S N P N
S T T E S U H C A S S A M M Z
M E O T B A E T K N I Y D O B
O E R W U Q R C F U C I N J C Z
S R Y T Y G H K T I O A A G X A
N F T E M E H G S O L S L X E L
A E M N R V C U I R B M Z B Q R
R Z H O E D M O N D R G S L H V
```

PUZZLE 15

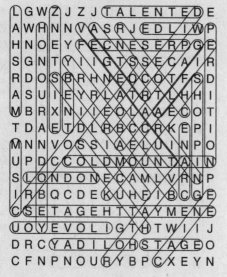

```
L G W Z J Z J T A L E N T E D E
A W H N N V A S R J E D L I W P
H N O E Y F E C N E S E R P G E
S G N T Y I I G T S S E C A I R
R D O S B R H N E O C O T F S D
A S U I E Y R L A T B T L H H I
M B R X N I I E O L A A E C O T
T D A E T D L R B C C R K E P I
M N N V O S S I A E L U I N P O
U P D C C O L D M O U N T A I N
S L O N D O N E C A M L V R N P
I R B Q C D E K U H F I B C G E
C S E T A G E H T T A Y M E N E
U O Y E V O L I G T H T W I I J
D R C Y A D I L O H S T A G E O
C F N P N O U R Y B P C X E Y N
```

PUZZLE 16

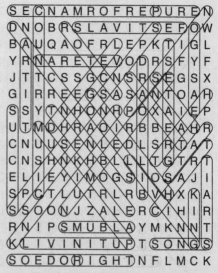

```
G E N N J E N L C H U C K K D D
N G N B R I T H E V L K R R B A
I A E E N O R A B A R B E D M R
H W M D H I O C T N U A Z A V E
T E O E S M S M E S M T R X W L
E N W T L Y B V B S O D H W W D
M Y M S M B O A A S E I V O M D
O A S M G H I V Y S I T H M B I
S S E R T C A S V H K T A O A M
Y V H E U E J J I G I J C S D C
T R E C R L X X L V E G M O O U
R B E Q R C A I L C N E H M M U
I A B R O A D W A Y H I E E R S
H C Z Z Z R M P G Z F D F O T O
T K W H R I S Q E K Y R T N U H
V E Z P K M O N O M Y A R E Z G
```

PUZZLE 17

```
N L R A E U F I R S T S T E P S
A E E O U R K G N I W T S E W K
M L L E T T I G W S L I E S N I
D P L C T C I F M P T E T A N M
R P A B K S A S F Y U A L C P P
I A C R L Q F M M O Q P G G H O
B E G A Y F L O W N E P P E T S
Y N T D E L D S T L A N E W R S
E I R Y S G K H P R N D I O U I
V P C B A I A M K S A N N L E B
R O X U I L I R W S A E K L W L
A F B N E S I L U D N N H U E E
H F G C A D I R A O L E T C S U
A I F H G F C T U F T F U A T C
H C A E R B E R I S I N G S F B
T E D A C W D A U G H T E R S E
```

PUZZLE 18

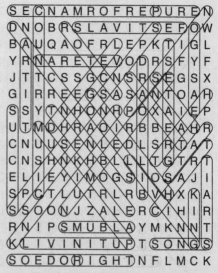

```
S E C N A M R O F R E P U R E N
D N O B R S L A V I T S E F O W
B A U Q A O F R L E P K T I G L
Y R N A R E T E V O D R S F Y F
J T T C S S G C N S R S E G S X
G I R R E E G S A S A N T O A H
S S Y T H O N H P O X A I E P
U T M O H R A O I R B B E A H R
C N U U S E N L E D L S R T A T
C N S H N K H B L L L T G T R T
E L I E Y I M O G S I O S A J I
S P C T L U T R L R B V H X K A
S S O O N J Z A L E R C I H I R
R N I P S M U B L A Y M K N N T
K L I V I N I T U P T S O N G S
S O E D O R I G H T N F L M C K
```

PUZZLE 19

```
R I I A L C H O K H E R B A L I
T A Y Q C L D T N A L E D O M T
B U V S Z T T U M O I H B L U A
T C O U B O R X I T M T T I S O
T I C O R H H E S L Q N I M I C
T Z M C O I E A S I P A U A C N
R C H E N W B X W S C P K T W I
N Y E D M H Y B O T E K T E M A
L Y I T I A E L R D A N C E R R
D S K S I N G U L A R I T Y J S
L I H H G H S A D O O P T K E E
O E N A A W C Z Z U B U Z N A I
K H L D B K J R J I A S N D N V
H I N T I D E E A E N A S N S O
F I L M F A R E B G C E U T G M
M O O H D P A Y R A W H S I A C
```

PUZZLE 20

```
V A L D H S K T E Q S E K E E A
E N N R A W K E T N F G P O B L
M O W K G O I D A R B C Y R A N
E Z O P E H D F S F X B O C E D
M I D J Q S T U B O J A I W N S
Q R W M Y T W O D A D S C U O E
Y A O F R I Y A N W U B O K I C
I E L B A H F D A M N F H G S H
C U S V E M T Y Z O S W U K I F
U E V R D H I O I G O E S Q V A
S G R U E C A L P E S O R L E M
T R L B L J L C Y T K W R I L E
J E E X E I W R P M I H C T E P
J A E B M R S E V G A A D N T S
R S K N A F U P N P O N X Y J R
M E T R O L E S W U M T X M C C
```

PUZZLE 21

```
S R S P I Y P S Y D A L E H T K
R Z U P O I C S A H Q A D C L R
E X O Z E A T T Y B C O S R W E
L M I F M L W S B C O A T B S B
L Q R E C T L L E W H T N N U M
I C O I V Q A B X Y W N O E M J U
R V T I H C E L O E H P S U V N
H E O M K R L D L U S T E L B F
T R N M S O N I K U N Z R P L B
O T A I H I S O S N Y D P O O W
U I O G W Z S U S P I C I O N B
L G P R O T C E R I D G D U D I
T O A A U G U S T B W I H Q O T
J E Y T B Q L I F E B O A T N E
R S E E T T E U O H L I S L E R
T N E D N O P S E R R O C E M D
```

PUZZLE 22

```
N A I R O T C I D E L A V S F V
F S H A P C U S C H A R M U H W
Z B P D M O R P E D N A R R J A
R R F N D V S K N N O N O U S I
T U A E C E L E B R I X T Y T L R
S N S L U R U U S T S Z Y L P T
F E H A Q G S E U A S L A A G N
M T I C Q I O R P S E T R G H Y
Q T O T N R E V S R F G Y R A C
B E N E I L R S C L O T H E S M
A E S I C R E X E T R D P M O T
B S A N C R A H O M P U U D H R
Y R K U T Q R H Z W E D E C Y A
G K O C T D P T C K W L K F T M
I R A W T Y D D A D W A R C P S
A L X W N Q D M U S I C O B U Y
```

PUZZLE 23

```
D R A W Y A W I L D S U R P L E
H I G H S C H O O L S G E Y E S
V A T P Y E L L A V N I G T E T
Y T L L C A R I Z O N A N F E U
M H E N H S C V L Z G Q I M I C
S O P L E R I A F F A L S P N S
S C W A E W A Z G Q W I P L E O
E S O M R V I N T E K U O E G N
R N M T L G I N N L B R P T M C
T O A Q E M O S T L O O C S R Q
C I N U A R S I I E M H D S A D
A S W L D O R S B O R O C W H A
U I F I E G H A A O N N C I C L
A V K M R E O U C R T W S T E L
R N A I D R E A M E B U V C I A
G C E K C E D N O S D N A H L S
```

PUZZLE 24

```
G N I T C U R T S N O C E D M Y
U P J T N I J E U D A V T E O A
B E E T H O V E N I U N J C N W
U E P Z P G Z G Y O A W L S T D
L D E O S P I N P R R L W E A A
L O E T R M N N U R E E R W N O
Y O K R N H A A R H E M D F A R
C T S E A T T N C T I L I R O B
A N K T M S H N H L U T U N
R U I I E C I A A M E C D O M
I Z L R C W A L S S T A A V E B
P Q L W I R U C E O I T E T S E
S N O I T I D R E P U M A R E V
N O I S I V E L E T B P G N O R
O Q J I M P O S T E R S Q C P C
C P R O D U C E R O T C E R I D
```

PUZZLE 25

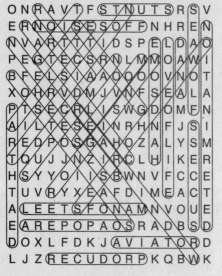

```
O N R A V T F S T N U T S R S V
E R N O I S E S O F F N H R E N
N V A R T T T I D S P E L D A O
P E G T E C S R N L M M O A W I
B F E L S I A A O O O O V N O T
X O H R V D M J V N F S E A L A
P T S E C R L I S W G D O M F N
A I L T E S E I N R H N F J S I
R E D P O S G A H O Z A L Y S M
T Q U J J N Z I R C L H I K E R
H S Y Y O I I S B W N V F C C E
T U V R Y X E A F D I M E A C T
A L E E T S F O N A M N V O U E
E A R E P O P A O S R A D B S D
D O X L F D K J A V I A T O R D
L J Z R E C U D O R P K Q B W K
```

PUZZLE 26

```
A R A H O V O L I V E R V E V P
U E C L E O P A T R A R G G F A
Z N G O W B K V A K O E N Z E R
E C N A L A B E T A C I L E D A
I R H Y T O P H N M R V U R N M
L S I W O S P F O E S I S F I O
N L P S E H Z H X L B L J C W U
O L L K E W A T E R L O O D E N
M I A O H D U M I X L D Y V L H T
A H Y S Z W D T L R I D W E T Z
S C S C X F I E A E S A D O H M
W R T A I S M M M H T U R N O L
Y U R R H Y A W D A O R B V U D
P H E S E T O N Y C N Q I U D H
V C E J I S K D M Z J E J S X Y
T I X C T D S H B L S X P M J R
```

PUZZLE 27

```
R O T C A L V M P C G M Z F F X
E S K Y A Y P M O R N M Z Z F G
T Z R J G A L L E R I E S U A K
N U D E S R O P I R T E H T P J
I Y R S H R E T U E R N I L O Z
A E I E S T H N V V O A S K C O
P O A W H E O L E I P M T S A A
N O T S A P E R T R P A O M L R
G U L T Y V A I B D U R R U Y X
C A E L E R B R L R S D Y E P X
I R R U E M I X I G T E V H S S O
D U L T A H W D A O A N S U E J
E B O Y I N T H E S T O R M N M
M O V I E S O O U R Q O R A O G
T H G I N H T F L E W T H B W X
S K C A R T N A I G S O U P U A
```

PUZZLE 28

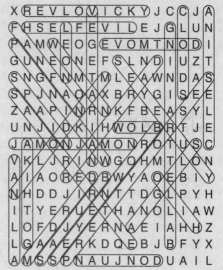

```
X R E V L O V I C K Y J C C J A
F H S E L F E V I L E J G L U N
P A M W E O G E V O M T N O D I
G U N E O N E F S L N D I U Z T
S N G F N M T M L E A W N D A S
S P J M A O A X B R Y G I S E E
Z A A P I N R N K F B E A S Y L
U N J I D K I H W O L B R T J E
J A M O N J A M O N R O T U S C
V K L J R I N W G O H M T L O N
A I A O R E D B W Y A O E B I Y
N H D D J I R N T T D G L P Y H
I T Y E R U E T H A N O L I A W
L O F D J Y E R N A E I A H H Z
L G A A E R K D Q E B J B F Y X
A M S S P N A U J N O D U A I L
```

PUZZLE 29

```
M D B M O V I E S G F J X S R C
H A R R Y P O T T E R O C Z D V
S N O A E D I D N A C I X N R W
I J A S W E C R O F R I X A T A G
Z O D K X A T Q Z Y M E O N G B
Z E W O C W Y Z L R R R Y V O E
E E A O N G E M C A R R Y O N M
A G Y B R A T S E G N U O Y U Y
E G U O U R R P T D V N Z S D G
S X E I N J S R E E A N I A D I
G G Q D N E X T A T N C O B A R
H R B U K N H I X T H D A M E L
X D A A F G E O B A I R Y V L U
M E H M X I Y N S L K N O L N T H
K S R N M A E L S U W P N N O K
Z K K C L Y S A M E A N D J H T
```

PUZZLE 30

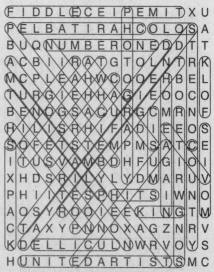

```
F I D D L E C E I P E M I T X U
P E L B A T I R A H C O L O S A
B U Q N U M B E R O N E D D T T
A C B I I R A T G T O L N T R K
M C P L E A H W C O O E R B E L
T U R G I E H H A G I E O O C O
B E N O G S A C U R G C M R N F
H I L I S R H I F A D I E E O S
S O F E T S T E M P M S A T C E
I T U S V A M B D H F U G I O I
X H D S R I L Y L Y D M A R U V
P H I L I T E S P H I T S I W N O
A O S Y R O O I E E K I N G T M
C T A X Y P N N O X A G Z N R V
K D E L L I C U L N W R V O Y S
H U N I T E D A R T I S T S M C
```

PUZZLE 31

```
R E D A E R Y E M C O R Q S L H
A C H I N E S E S N L U B U C W
N L T X Z O R C B I I B F N L D
G O K E E L L P V Z W I E K Z P
A D R Z Z N A E M O T R P S T H
M Y O S X O R M C U F Q R G T L
B E Y Y Y I R M A R X I L Y N V I
A N W M T B E I N A R W I G V
C I E O J C B E M M C B T T O K
K R N R S U N H R M E H E S T Q
U E X I Y D H O A O U N A A N J
S H N L S O N N L R A S Y C G K
E T I D O R H P A F V M I M I C
A A O I W P A U L J H A N G G L
S K R U M X H Y L L N Z R W H S
T K V Z O N E D L O G A G D W T
```

PUZZLE 32

```
P C A I S T Y R T N U O C L S W
U G O O D B Y E E T S N R R K N
Y N K N A M R Y G T E G R O F Y
N O I T C E F R E P T K N C G C
R L I O L E A L R K C E B O I R
S E T D N N R U P A N Y L S S O
T M D R D S N T R Q E D U H Z W
Y I U O E A T T S S W M E D Z D
E D L B W P D A O R F X G V A S
C E H A L N E E T D A U R D J Y
Y T Y N U A D R N I V I A E R M
P N N O M I N A T I O N S V E M
L E S M V P B L O O R N S I G A
O L H T A C O U S T I C R L N R
O A W A R D S P R Z T R G F I G
S T O U R S C P N D E F E H S N
```

PUZZLE 33

```
M U Z S Y Y P P A H S G P S K F
Y I P U H B L A S T W P U G C D
W K X A A A M N H A J W N I I H
R O C E M A K G T C L I C K H A
E K H I D Q I E P O O O H K C D
S N N S N N R B S G N U D R T T
O A W Y Y B U L L E T P R O O F
P E Y Z O B M T H B W J U W H U
M T A Y A D S E S P E A N Y M N
O R D V G C A O J T C D K T B Y
C S V E M D T Z C O R D T R B Y
P W R E S T L I N G P A A I V S
R J N J P G K T N K J H E D M Z
I S D A E H R I A G C T C N P E
I J Q Y I O K E V I L T H G I N
R N Y L L I B W R I T E R I P F
```

PUZZLE 34

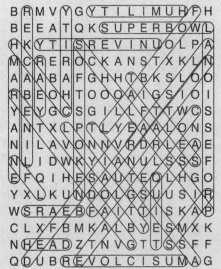

```
B R M V Y G Y T I L I M U H F H
B E E A T Q K S U P E R B O W L
H K Y T I S R E V I N U O L P A
M C R E R O C K A N S T X K L N
A A A B A F G H H T B K S L O O
R B E O H T O O A I G S I O I
Y E Y G C S G I L L F T T W C S
A N T X L P T L Y E A A L O N S
N I L A V O N N V R D R L E A E
N L I D W K Y I A N U L S S S F
E F Q I H E S A U T E O L H G O
Y X L K U N D O L G S U U S I R
W S R A E B F A I T T I S K A P
C L X F B M K A L B Y E S M X K
N H E A D Z T N V G T T S S F F
Q D U B R E V O L C I S U M A G
```

PUZZLE 35

```
G A Q N D S T N U T S X M F K O
L E C S O I Q D B A N D I D A S
S D T T F M R G R N N L B D T C
R E Y A R E E L V M E D U H C
P S L R I E D N C P D N D A C O
M P Y C D N S C A T I I R L M A
U E T W A E E S C T O M Y S O M
I R I B S T S T E E I B R B V G
R A S L W I S D S N M O O R I O
T D O Y O I S B G A T I N E E D
N O R N F T T Q O S T Z T C T U
F J E P A Y T T E B Y L G U O Q
L X N T M O U V Y E C N A D A X
B R E A K I N G U P D K C O R U
V S G B W I L D W E S T C R T R
U Q L E T O H T L U A N I P J L
```

PUZZLE 36

```
S O H Z S Y S Y Z N O F F G L S
E P T E S E T H O U S E A Y L K
I M A S C U L I N E J B S R E S
R J Z R A M T E C O R C H E B D
O X P E I C R Y G I C X I N U R
S C B E E S B E E A L I O I S E
S T O L R L G L N F W P N L I G
E R L C A F L E C G C C M L N N
C O E C N E U L F N I Y E I E I
C U K A Q V A M Q T R S H W S S
A S D R E S S C E E R T E H S M
D E N D S M A S L I O O A D X O
J R T I I U S P E H L T T F W T K
P S C G U W W I C O S T U M E E
L K R A M E D A R T P L O G O R
O V L N J C A R E E R U T U O C
```

PUZZLE 37

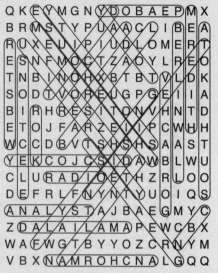

```
Q K E Y M G N Y D O B A E P M X
B R M S T Y P U A A C L I B E A
R U X E U I P I U D L O M E R T
E S N F M O C T Z A O Y L R E O
T N B I X N O H X B T B T V L D K
S O D T V O R E U G P G E I I A
B I R H E S I T O N V H N T D
E T O J F A R Z E I I P C W H H
W C C D B V T S H S H S A A S T
Y E K C O J C S I D A W B L W U
C L U R A D I O E T H Z R L O O
D E F R L F N Y N T Y U O I Q S
A N A L Y S T A J B A E G M Y C
Z D A L A I L A M A P E W C B X
W A F W G T B Y Y O Z C R N Y M
V B X N A M R O H C N A L G Q Q
```

PUZZLE 38

```
D N Y R A C X E L B O Y S E W A
A N E L E H V I E W L S N F A F
D O G V Z O K R Z R O A T N L T
G S I E O W U Y I L A S K A K S
A D L R G R T S O Y T C S E R E
B U G V E U P R A R S H S C Z B
F H R C A Y J M A N C I M O C L
A C U E J B A M I T D U S V A H
X R B T L U E L B N R I J T X H
B F P A E R Z T K N R A X E V E A
R R P I I G F G S C W N C G T B
Y T L C E L L U L O X I D A E O T
K E A O Q A D Q H G H R F R N H
C M D S K R A K H J E G B Y J P
O H O S T E D T R E B M E V O N
R D N A N I U G B C L A J L P B
```

PUZZLE 39

```
S H T P E D B E B O P N L Z F T
S V X U N J H V W P E F J Z R D
E M O N R O E T A C O V D A D L
N V R I B T S X G R P I E J L Y
S O M J C I L O C N L H S W A R
I C I N D E P E N D E N C E N I
T A H T D M F N S G I R C T O C
A I L S Q A U A U W G W N T R I V
V I T Y L N C G H S A R U S T H
I S A G M C I T A I S E I D O C
T T H V E B C M F B T E R T M A
Y E T S V L O E R A B E R E E O
V M S R U A D L M E S Y T T Z B
W P P B C I G A M S T I L W C X
G O S I U N O I S I V E L E T A
T H G I A R T S Q A A V D G E M
```

PUZZLE 40

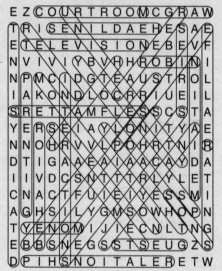

```
E Z C O U R T R O O M C G R A W
T R I S E N I L D A E H E S A E
N V I V I Y B V H H R O B I N I
N P M C I D G T E A U S T R O L
I A K O N D L O C R R I U E I L
S R E T T A M F L E S S C S T A
Y E R S E I A Y L O N I T Y A E
N N O H R V V L P O H R T N I R
D T I G A A E A I A A C A Y D A
I I V D C S N T T T R L Y L E T
C N A C T F U I E I Y E S S M I
A G H S I L Y G M S O W H O P N
T Y E N O M I J I E C N L T N G
E B B S N E G S T S E U G Z S
D P I H S N O I T A L E R E T W
```

PUZZLE 41

```
G Q M S Y W R Y V S B L K T S D
N S T Y W N O O L N T K E R A
I R T Z E B K N D B E N S E J Y
S P N S W N G C K E O R A Q I T
S V T O I W O I O T O M M D H S
I W C E R L N M Y H N K G A G M
M E W I D D Y K Y X S D T U A U
H R T V R O N M L S O M I Q T B
T E M T U O B A K L A T L D S L
R W R H H G C L E N A E L M I A
O E O P P L G K U R P E A U L N
W W E R Y L K Q Y E Z B B C A G
Y O U R D A D D Y O M Z T H C E
O V K R Y S T A L G U O O F O L
A I C I R T S X M E T O O U V K
U K N A C U R E M A X M F N M U
```

PUZZLE 42

```
S G N I K I V C F N L G R H E G
S H V Y X V U D R U E W U N I W
X N E D N O L B N E R Q P S D R
D Z E G L P X E J J P L S O R T
Q J A M I E L E E K T R O I I O
V N Z G O C I T U H E W A U B U
I A O J W W P H E T Y L Z H G C
I I S M L I F F S L Y K L M M H
Q R H E L S O O L K Z T I Y E P
E U G O R G P O Q Z C N P M R A
A H T E U E H C U O M A R A C S
J C F W I D A F H C I L W E S
N N T V D M I C O I A L E B D W
D A O I Y P Y N F K R A U B U O
M C D N S Y I T M V O Z D R
A E P E P G C E L B K P R Y E D
```

PUZZLE 43

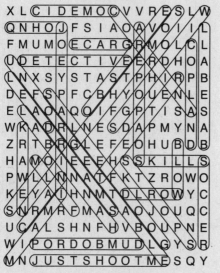

PUZZLE 44

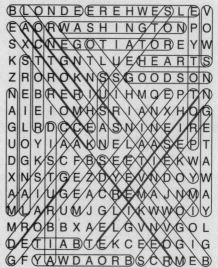

PUZZLE 45

PUZZLE 46

PUZZLE 47

PUZZLE 48

PUZZLE 49

```
Y E T T D Q S V O G A P S V H T
A M X F S C U P B A R R O B M J
D E E H I I I E A E E A G D L U
S V T C R L V N S H N K M E G S
I O H U W A R X C E R E L M H K
R L G M A A D A T I R E D I Y G
O A I O R E E I T C N A P L S T
D M N O N T N L O S A N S L O D
X I D T E A F O R T W O A E W G
G N I W R I X J G C D I V T R M
R A M E G L A N K A C E O D I A
L A T N E M I T N E S I N G E R
O H U K A N T C P I L L O W I X
U O W J R P E S S A L G T Q L J
Y V A A J R V E C I F F O X O B
S P W O M T I U S W A L R Z M B
```

PUZZLE 50

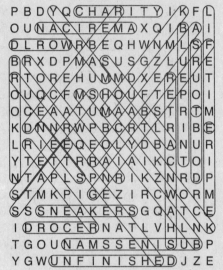

```
P B D Y Q C H A R I T Y I K F L
O U N A C I R E M A X Q I B A I
D L R O W R B E Q H W N M L S F
B R X D P M A S U S G Z L U R E
R T O R E H U M M D X E R E U T
O U O C F M S H O U F T E P O I
O C E A A T U M A A B S T R T M
K D N N R W P B C R T L R I B E
L R I E E Q E O L Y D B A N U R
Y T E T T R R A I A I K C T O I
N T A P L S P N R I K Z N R D P
S T M K P I G E Z I R C W O R M
S S S N E A K E R S G Q A T C E
I D R O C E R N A T L V H L N K
T G O U N A M S S E N I S U B P
Y G W U N F I N I S H E D J Z E
```

PUZZLE 51

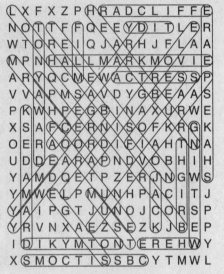

```
L X F X Z P H R A D C L I F F E
N O T T F Q E E Y D I T L E R
W T O R E I Q J A R H J F L A A
M P N H A L L M A R K M O V I E
A R Y Q C M E W A C T R E S S
V V A P M S A V D Y G B E A A S
P K W H P E G B I N A X U R W E
X S A F C E R N I S O F K R G K
O E R A O O R D I F I A H T N A
U D D E A R A P N D V O B H I H
Y A M D Q E T P Z E R J N G W S
Y M W E L P M U N H P A C I T J
Y A I P G T J U N O J C O R S P
Y R V N X A E Z S E Z K J B E P
I D I K Y M T O N T E R E H W Y
X S M O C T I S S B C Y T M W L
```

PUZZLE 52

```
S E M A G H S I L O O F W Z H P
E U T J Y N L L S U O S K T O H
S O R A M I O D B R E V G E M J
U Y M F T M A S Y L E S L L E S
O R U T E D T A G S T Q E S R
H A L P D R T N B N L P N V T U
E E I Y A L I U I S I E R I E O
E N L W A S N Z N E L N X S A T
F V I N T C A D C P L S R I D P
F J T I I G J E W E L S T O C K
O I H M A E S J Y N M U I N M A
C U F M U N I T A L P I G N V W
P R A L U P O P U Z E K L G M A
N J I A K S A L A E Z C E Y E R
A D R I A N D E R E V O C S I D
J A K P S N A F R K Q R C B Y S
```

PUZZLE 53

```
E O J C T K R E P S A C R S O R
I M O J E O N E W Y O R K D D A
A D A L R Y N O I S I V E L E T
L N N F M G H I I N L A E A S
B L O M F S O M G U X E S I N E
U A A I K O P D F H S L Y F M I
M R C L N S K S S M T T M R A V
G U A X O O S L I O N T O E R O
O T E N T E R T A I N I N G T M
V A S H C O H E I W S L E N I D
X N V C M S S E S W S J Y A N C
T F U U O G M C B P K Z F D R K
M S H N I G F A H G E C L U B S
P M I G P M C I M O C C I A D A
C A D D Y S H A C K O L T U A U
N A V I L L U S D E E L R F Q V
```

PUZZLE 54

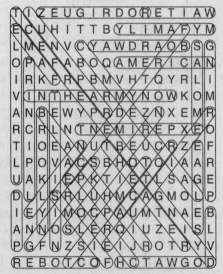

```
T I Z E U G I R D O R E T I A W
E C U H I T T B Y L I M A F Y M
L M E N V C Y A W D R A O B S G
O P A F A B O Q A M E R I C A N
I R K F R P B M V H T Q Y R L I
V I N T H E A R M Y N O W K O M
A N B E W Y P R D E Z N X E M R
R C R L N T N E M I R E P X E O
T I O E A N U T B E U C R Z E F
L P O V A C S B H O T O I A A R
U A K I E P K T I E T L S A G E
D L L S R L U H M C A G M O L P
I E Y I M O C P A U M T N A E B
A N N O S L E R O I U Z E I S L
P G F N Z S I E I J R O T B Y V
R E B O T C O F H C T A W G O D
```

PUZZLE 55

```
O R I V E R R O C K V E W R X L
G E O R G I A Y O S E S I J O X
V S E P T E M B E R J A R V C E
J O L C H E S S F S H R I U N M
S P Z U O N S E Q R T N U O O I
M M G R F A M M O K G E H B T T
Y O S E L I O N I Y N P R R Y G
S C G G N C T R O N O O U D U N
U K N N O I G U E X T M W Y A I
N U I I O S U P A H P J A M H Y
S F D S N U P S E E T L U I E R
H A R K E M R R T O B T T L L C
I C O M M E R C I A L S I W E G
N M C C L A R I N E T P X H V P
E O E S Y Q S Y M M A R G V E X
H Y R A N I D R O A R T X E N I
```

PUZZLE 56

```
O E Y T B I N O I S I V E L E T
C H B L U R E B M E V O N V H P
S J I C L C V A L F R G S I Q U
A N P I C F I P M E G I R L A G
R N H N A L O T T R A T A C T N
B E Q C L C O R C A E C M O T I
E W X I B O A D E X E S I H M R N
I R W P T C R D N V N G G M A E
N O S I T B S T E A E N P E C H
N S R E S R H O O M L R O R T S
O E G T P O G Y P E V E M C I E
D E A D M A N S W A L K C I O R
G G R O C D H X J M W I U A N F
E M D I C W F S M L I F J L R E
E H X K A M B E R S O N S I G
L C Y R D Y T I R B E L E C H P
```

PUZZLE 57

```
X Z D G I D X B D L A I C E P S
N A M R E G U A V Y L R K W Q L
S O E A S Z R B S O E E G N S E
S F K X Y E H W L H X C B A E G
Z W R C D R A I U I A C Q B N N
U S A E H T O O B E N O H P O A
E M V L N A R T K Q D S H I Z S
B I D F T C R K C D E A S T R S
L A K N R U H I Y A R S R M A I
F M W U A Z O T S T I O A A W K
S I D F P L I R S M P O S E Y Y
N E N J O U R W R E A T I R N L
S E G U R B A E R G I T W D T L
M C L C R R T A G Y N A I M K A
L V E R O N I C A I K T B C O B
V R I R I S H D P Z T P X C D L
```

PUZZLE 58

```
H C T U L C G I A N T S J S E L
N I N K W O C P Y A K A O T E R
O R P H I L I P L C I N T A D R
W C A R O L I N A A F D D T W O
S Y H J Y E W B L O Y I Z E C Y
A U L K N G R O O A N E R Z G W
H A P E C E H T D G P G D Y G E
T S O E T A B R S R L O E T L N
T N Z R R A B E I M A N N I N G
L H A G L B I E R V Y F T S Z J
Z U E L G R O D M T E E T R W O
O R Z N O C E W E O R R U E F F
S D O T F D W M L M C O S V D L
A M C J A L M A I W M X N I C Y
A I W R M R O E R E D I S N O C
V H T R U O P T A L T H O U G H
```

PUZZLE 59

```
Y R T N U O C E V W T O A X T C
S J O U R N A L I S T L E S H S
E D Y P G U P L E R U N R E O B
C H A R I T Y I P O I R E U A N
Y A S E K L V V G W R S T F M E
X V J H H O O A S A E R I F A F
D A P O M C T T B E I R X L C
Y N S O W S O I U R B S W L Y O
F A Q T A R U R N P B T G A S R
N O P P E G G A R P M O N N C A
R S L S J E X G L A D R O D A L
U O I K R U K R N L P Y S S F R
B P F N R V S A M T S I R H C X
U M X I G O T M R O H T U A R D
A T K P N E C K F A P Q U R N H
U J A M E S B K V H P O N K G K
```

PUZZLE 60

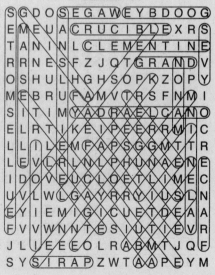

```
S G D O S E G A W E Y B D O O G
E M E U A C R U C I B L E X R S
T A N I N L C L E M E N T I N E
R R N E S F Z J O T G R A N D V
O S H U L H G H S O P K Z O P Y
M E B R U F A M V T R S F N M I
S I T I M Y A D R A E L C A N O
E L R T I K E I P E E R R M I C
L L I L E M F A S G G M T T R
L E V L R L N L P H U N A E N E
I D O V E U C L O E T L I M E C
U V L W L G A Y R R Y I U S L N
E Y I E M I G I C U E T D E A A
F V V W N N T E S I U T I E V R
J L I E E O L R A B M T J Q F
S Y S I R A P Z W T A A P E Y M
```

PUZZLE 61

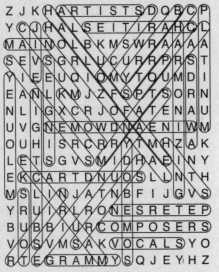

```
Z J K H A R T I S T S D O B C P
Y C J H A L S E I T I R A H C L
M A I N O L B K M S W R A A A A
S E V S G R L U C U R R P R S T
Y I E E U Q I O M Y T O U M D I
E A N L K M J Z F S P T S O R N
N L I G X C R J O F A T E N A U
U V G N E M O W D X A E N I W M
O U H I S R C R R Y T M H Z A K
L E T S G V S M I D H A E I N Y
E K C A R T D N U O S L L N T H
M S L I N J A T N B F I J G V S
Y R U I R L R O N E S R E T E P
B U B B I X U R C O M P O S E R S
V O S V M S A K V O C A L S Y O
R T E G R A M M Y S Q J E Y H Z
```

PUZZLE 62

```
Y T B Y M R W C R E I D L O S J
H F I L M S E O O H C N E R F G
P B L D H R V V V M L I F E M Z
A R L W E I A U L C P A V O Y F
R Q M T V C E Y A I I O V R J B
G F A R E T O L I M S I S I E M
O C U B B X I R V E E W X E I S
I S L N E F A V A S Y O F X R T
B E D Y O W P N J T H U R U E E
O L I R D T D S V E E N R R C L
T U N L V B G H Z R R D O C I P
U I R G A Q U N O N O E T G F R
A O I C H I O N I S I D C I F U
W T K R I R O B E L G I A N O P
K M B W B H V R E C R U I T E D
J S R E P P O R C E R A H S E H
```

PUZZLE 63

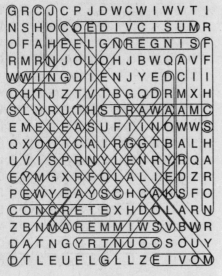

```
G R C J C P J D W C W I W V T I
N S H O C O E D I V C I S U M R
O F A H E E L G N R E G I N S F
R M R N J O L O H J B W Q A V F
W W I N G D I E N J Y E D C I I
O H T J Z T V T B G O D R M X H
S L Y R U T H S D R A W A A M C
E M E L E A S U F I X I N O W W S
Q X O O T C A I R G G T B A L H
U V I S P R N Y L E N R Y R Q A
E Y M G X R F O L A L I E D Z R
P E W Y E A Y S C H C A X S F O
C O N C R E T E X H D O L A R N
Z B N M A R E M M I W S V B W R
D A T N G Y R T N U O C S O U Y
D T L E U E L G L L Z E I V O M
```

PUZZLE 64

```
L S M A P L E W O O D S T G D K
A G T S J A I B R E I K O O R Z
N U R E M O H D D A D O M L K W
O Z E V A Y D N L E Z I N D I D
I P P L L L A L F K N D M G E J
S J Y I A H S I P I O E J L T Y
S E M C T T R S C L R R S O C T
E A I H A S E A M L A B I V R I
F T G B T R N R R A A Y U E I R
O I N B E T D E A B E S O L T A
R D A E F S T I G E N L L F J H
P S O A M T D Q N S Y O T M F C
E E R D I E D L O A H E S I Z S
A D G H P L L V R B L R H Z T V
E C O N T R A C T O D S J T M D
V R R R E V L I S N W A L K S A
```

PUZZLE 65

```
C I R E R E P O L E V E D T T U
E C I T N E R P P A S C C H H Y
G H Y A N M A I S L E I V E E C
I E S N E E O L A L T V W D D T
T W N G K L T E E N E G A E O P
S W S A O A D B A S O T R A N U
E H K M P N R L X L T I O L A R
R A Y W S I T S F S F A L H L K
P R S N T A Q C O E O O T L D N
T T C Y U R O Y R C I N O E I A
D O R J O U S U R V I V I N G B
H N A U R M O T A D S A C S Q Y
L D P S M Y F N E M O C L U A U
P F E B F P K R O Y W E N I U C
L S R U V A F L A H A M J A T W
S T S I P O R H T N A L I H P E
```

PUZZLE 66

```
D U B I D P W E S T E R N S H N
R P G L L U S H Z W D I C A F S
A P Z Q A O B H A E N X D I L F
W A X S P C P L R O A Z O R E L
A R F R N F K I I Q R C L L S I
T E A G I O T S R N G T E I R F
O N Y L F E M S S T O R Q N E E
O T M F B N A M T E I U Q E H T
B S A C H A S A I M R A C O R I
N M P H L O C G M S O T L M D M
E K A J G I B E N O Z L C N N E
D D B W A Y N E O I Y T L A E V
L O U M Q N Q T R W W D I Y G Q
O L A F F U B I O J V R O F E P
G J H P W A S O E C L O N E L Y
X L R I A H O E R D K F S Y S H
```

PUZZLE 67

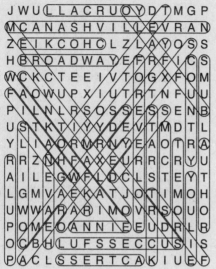

```
J W U L L A C R U O Y D T M G P
M C A N A S H V I L L E V R A N
Z E I K C O H C L Z L A Y O S S
H B R O A D W A Y E F R F I C S
W C K C T E E I V T O G X F O M
F A O W U P X I U T R T N F U U
P I L N L R S O S S E S S E N B
U S T K T I Y Y D E V T M D T L
Y L I A O R M R N Y E A O T R A
R R Z N F A X X E U R R C R Y U
A I L E G W F L D C L S T E Y T
L G M V A E K A T J O T I M O H
U W W A R A R I M O V R S O U O
P O M E O A N N I E E U D R L R
O C B H L U F S S E C C U S I S
P A C L S S E R T C A K I U E F
```

PUZZLE 68

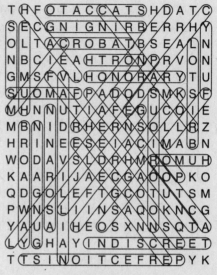

```
T H F O T A C C A T S H D A T C
S E C G N I G N I R B E R R H Y
O L T A C R O B A T B S E A L N
N B C I E A H T R O N P R V O N
G M S F V L H O N O R A R Y T U
S U O M A F P A D O D S M K S F
M H N N U T I A F E G U C O I E
M B N I D R H E R N S O L L R Z
H R I N E E S E I A C I M A B N
W O D A V S L D R H M R O M U H
K A A R I J A E C G A O O P K O
Q D G O L E F T G C O T U T S M
P W N S L I I N S A Q O K N C G
Y A U A I H E O S X N N S Q T A
L Y G H A Y I N D I S C R E E T
T T S I N O I T C E F R E P Y K
```

PUZZLE 69

```
T H G I N D I M M C C V V G C D
G W V E A F M A J Y D E M O C C
C H A R I T Y X R U G S M L W R
P R I D E H N H C R A E S D O K
U Y W J T J D A E H D C H E I E
D M I M P R E S S I O N S N U C
N M C O A A A O A D W L G G P G
A E A C N O U N V C A S T L Y K
T H M G U L G J S I O B H O R P
S N E Z M L Y A C F L J E B E O
F L I E P S L E C C O N R E C Z
S R N A N M P O N I N R I S U L
Z O R A M S M C U O H A M K D D
K T E L O E J R P G M C A E O N
Y C B B D E S U O H H O J C R Y
O A H Y A D I R F H L W W U P S
```

PUZZLE 70

```
I Q Z V N A M G I R B S L E S S
U O S N O I P M A H C E N T E R
R T B P E N S A C T A B E B V
S Y E O S A K K A E M L S K S E
C L E R U E E R L A R L G C O I
I M N L T S E H J E A S Z O C E
P H B B B E T A B E A T B R C M
M C A L R A M O T D R A F T E D
Y L F L A A U S N L H R N E R R
L U I S L N P L B L O C K E R L
O T N S D O I T A N I A L N E E
D C A S K S F F O V H V I H V L
Q H L A G O S F A R S G I L I P
B W S Y O R U B A A S U I N A Q
Z N A I R E G I N M M C C X U G D
B U Q U A D R U P L E N J C K Z
```

PUZZLE 71

```
N A I C I S U M O O S E S U F B
R K L K P D G U I T A R G E S U
X C L S M U B L A T E P S O I A
M O T O R C Y C L E B T C A N R
W M K S F X I M R S I I O I G I
R M F C H N H A C V A B M G E E
I E Y F O E C O A L E A E L B T
T N L M O T N L E G E N D A R Y
E T R L N C S A C A F B I T E C
R A H K E Y C D N O U R A S M Z
H T I R L T L A O D M T N O R G
S O T D I M Y K L O O P H N O N
R B S V R J K R O I W A O O F I
U P I A N I S T O O C C H S R B
O S F R E N I A T R E T N E I
T L L A C I R I T A S B S H P R
```

PUZZLE 72

```
E N T E R T A I N E R A E A R I
L Z V R A A C T S E E J P Z R N
B D W D W O S H I Z W A H E E H
A R C A A I O U X S Y L M R L K
N P E L R W C M L P T R G O D G
O I N I D D G O K N O A S T O F
I P T E S Z B R M F T P G C O E
H A E T G S D E R E A K C E P E
S E R T U X E E L O D N A R G S
A U V K T C P E J M P I L I H S
F W I A O E V O T A O K E D J E
B E L L E I N W Z U B N E N C N
P U L T S Y V N Z B B H I N N N
N E E I A X H R O H A I A Z S E
Y S O U T H E R N M D O R V Z T
V N Q B G H Z I B W O H S T S P
```

PUZZLE 73

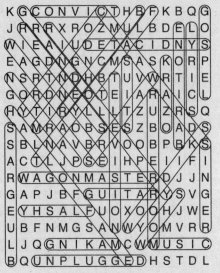

```
K G C O N V I C T H B F K B Q G
J R R R X R O Z M U L B D E L O
W I E A I U D E T A C I D N Y S
E A G D N G N C M S A S K O R P
N S R T N D H T U V W R T I E
G O R D N E O T E I A R A I C L
H Y T I R Y L L L T Z U Z R S Q
S A M R A O B S E S Z B O A D S
S B L N A V B R V O O B P B K S
A C T L J P S E I H P E I I F I
R W A G O N M A S T E R D J J N
G A P J B F G U I T A R Y S V G
E Y H S A L F U O X O O H J W E
U B F N M G S A N W Y O M V R R
L J Q G N I K A M C W M U S I C
B Q U N P L U G G E D H S T D L
```

PUZZLE 74

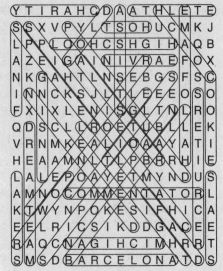

```
Y T I R A H C D A A T H L E T E
S S X V P Y L T S O H U C M K J
L P P L O O H C S H G I H A Q B
A Z E I G A N I V R A E F O X
N K G A H T L N S E B G S F S C
I N N C K S J L T L E E E O S O
F X I X L E N I S G L T N D R O
Q D S C L X R O E T U B L L E K
V R N M K E A L I O A A Y A T I
H E A A M N L T L P B B R H I E
L A L E P O A Y E T M Y N D U S
A M N O C O M M E N T A T O R L
K T W Y N P O K E S I F H I C A
E E L R I C S I K D D G A C E E
R A Q C N A G I H C I M H R R T
S M S D B A R C E L O N A T D S
```

PUZZLE 75

```
E C I O H C S E L P O E P K Z Z
I B C R H N T R S N E G Y A R N
H R R E N A O O O D R L L E C Y
S E I V O M P I Z T R E T R C L
B C M L N A S P B E S A D B N K
T N I V B I T I Y D E O W A K O
H U N L V K S S H H B X P A E O
D O A E C C E N T R I C R M O B
N B L A R D U E O U M O F R I B
O E L L W I G A C A D I L L A C
T B V O Y A D B L S M E I Z I O
L Q O T T W C C G A J R N L F V
A D O S A D O T E T B T F T I O
S P A Y A L K O O U T E K C A J
O U U Z M K N O D R E D K X W F
R Q I X T D J O G N A T F C I K
```

PUZZLE 76

```
R D L Y Q T Q Y H U D K X L G N
E Y T E A Y S S S E R T C A O J
H C R G R D L I D R B Y M I P O
P N U R R N O T O O E T T Z G
A G E A W H O U N X X R R A
R J W W L W T E M V A W K A E C
G A L L Y M C B E A L T G M T I
O C Q L A O G R Q U E O F N N H
T C L N T D R S S L B R T T I C
O O M V H C N K E H F D F I A L
H R Y L L O M V C I A I A S P E
P D E T E W I F N I D N L K F D
O I M S T S Y L V X T E G M V O
P O L L I B L L I K G Y M H S M
C N Z O C S T R O N G F B O A C
A D N A P A Y B A C K D R E C I
```

PUZZLE 77

```
S H W I O M U N A M K N A L B S
S U N A S V T X G F T B V C K I
E T J G L A E M N O N A E L E O
R O R A M A C R I T I C S O G N
T H N E R D I H C P A P E R I
C V G T B I L T T R P L I B Z L
A H O C S O S N E G W D D D W L
N J D I M S R R M I N X A E C I
G M S R C L E I O A L U E I E M
E E P T G E N P S I G O R U E M
R T E S T S W N Y H R E J I E O
I Z L I I O E O T T G R S V S D
F J U D R M N E R N N T A H G N
H O E L R E R Y I K O I A W D A
Z R D A S L H S H O V F T P Y R
S E C N E F W K T S T A G E G Y
```

PUZZLE 78

```
Q I B D E T H G I N K W X H X I
R S M N M H R A T S R E P U S C
E Y T U A E B A Y A V Y Y I H D
T M P T S L D R T E A M N E B H
I E L S L I H D H W N G S F Y
R Y K I A K C V D S E S R F B W
W D K C F E Q A S R I A I W L P
T O C I I S O R L U C L E D O W
J L V R N R F K E S C S G P N Q
A L K Y B G C S O H T R C N D E
F E S L R Y D G T E S H I B E V
O V S T A R M A N I A I S C L I
T O N Y Z Y E D V R Y P L Q J T
U N Q L P H J L T I S M U B L A
L H B T U N E S C K D I Z S U G
R E S O P M O C T S Z J W M E P
```

PUZZLE 79

```
W N M G R N E M A F F O K L A W
O A O L W A O Y J C S I N N E T
R M C T D U N I R A C S O K B X
R F K A Z Y M G S U D I R X G Z
O F I N D O M T E I T B D U V B
M O N G P E R R G C V R A Q H F
O H G O T U M H A Q A E V D P Z
T V B Y E H T Y W M L I L T O R
R D I G L S E D A T P B E E S N
V E R V H A P N S W Y O P V T M
L I D I Y S N O I T A N I M O N
T B P N X W P O I G Z R D R F D
H L X Z E A C C I V H A D O F P
M L I F E T T Q X T O T K T I Q
I V V H Y Z P E D R A Z A C C N
G H T F F B V I R G I N I A E K
```

PUZZLE 80

```
Z R S T T O C Y O B W O E S B O
Y R A T N E M U C O D X C E R V
Y S S D N A A D F S D R O C E R
K T O T I N A H D B Y C S A D M
M R L R O O W R C M A M V P V L
P E D O U U A N A R U L M S R R
N C I X U O R N T B S Y L A P M
H N E L B T D I L X L L E A R N
O O R L A O S A F I D D L E D G
M C L T L T P P M L P U O R G S
E I R I S P A E O C O U N T R Y
B I N P V R C N Z K E O G C J E
O T T E R G G N A O E J T I I Q
U J V R O W N O G A W N I S A T
R T E X A S I I D P Y A M U E M
S F L Y C M M N S C W B E M O O
```